影响力法则

〔英〕史蒂夫·马丁
约瑟夫·马克斯 著

信任 译

天津出版传媒集团

天津人民出版社

每个人、每一天都在扮演沟通者的角色，

努力获得他人的认同和尊重，最终建立起正面的个人影响力。

以本书致罗伯特·西奥迪尼，

一位杰出的科学家、循循善诱的导师、热情四溢的同事，

以及温暖可信的朋友。

能够认识你，是我的荣幸。

目 录

前言：顶级沟通者都懂得"软硬兼备"

从表面上看，希腊神话中的卡桑德拉天生就具备传递信息并产生影响力的潜质。她身份高贵，父亲是特洛伊国王普里阿摩斯。她外表美丽，有高挑优雅的身材、美丽的深棕色鬈发和亮褐色的眼眸，犀利的目光里透出一种奇特的吸引力。但最令人印象深刻的是她精准的预言天赋，这是无数人梦寐以求的能力。

据说，是太阳神阿波罗将"领会并传达神之意志"的能力作为礼物赐予了卡桑德拉，这也是他诱惑卡桑德拉的小小手段。卡桑德拉准确预言了敌人会用木马计攻陷特洛伊，预言了阿伽门农国王的死亡，预言了堂兄埃涅阿斯将在罗马建立新的国家，甚至预言了自己的死亡。

但神的这份礼物是被诅咒的，它让卡桑德拉饱受巨大痛苦，最后在精神错乱中死去。起因是这样：面对太阳神阿波罗的引诱，卡桑德拉同意以自己为代价，交换预言能力这份珍贵的礼物，但在收到礼物后，她拒绝了阿波罗的求爱。于是，神给了她最无情的惩罚。阿波罗强行亲吻了卡桑德拉，并将口水吐到了她嘴里，诅咒今后再也没有人会相信她说的话。"他想占有我。"卡桑德拉抽泣着说，"我一开始同意了他，但后来食言了。从那时开始，我就再也无法说服任何人。"

卡桑德拉的故事体现了一个悖论：她拥有非常重要的信息，也愿意与他人分享这些信息，却没有人注意她、相信她。这种情况我们每天都会遇到：很多人通过严谨的研究和推论而得出准确的预测结果，但很不幸，没人关注他们传递的信息，甚至还有人嘲笑他们。

这就是现实版的"卡桑德拉的诅咒"。

华尔街的"卡桑德拉"

20世纪90年代末，美国证券交易所的金融家们乐观地将大量资金投给了互联网公司。那时华尔街所有人都深信互联网公司会为自己带来无与伦比的财富，只有一位最受瞩目的投资者除外——投资巨头伯克希尔·哈撒韦公司的创始人兼董事长、时年69岁的沃伦·巴菲特对当时股票市场的非理性繁荣不屑一顾，他说："如此疯狂的情境，让很多理智的人也像舞会上的灰姑娘一样流连忘返。但最后，豪华的马车还是会变回南瓜和老鼠。"

金融界人士纷纷指责巴菲特的"泡沫破灭论"。互联网公司的投资者们声称，这位患有科技恐惧症的投资界巨人将会错过难以置信的巨大利润。此后不久，巴菲特公司的股价开始下滑。但巴菲特仍然坚持自己的看法，并在投资组合中增加了一家中型能源公司和一家家具租赁公司，这进一步强化了市场对他是卢德分子[1]的看法。于是，投资者们称巴菲特为"华尔街的卡桑德拉"。

后来，市场经历了一场大暴跌，那些对巴菲特的警告不屑一顾的投资者全都遭受到了金钱和声誉上的巨大损失。事实证明，他们对巴菲特的嘲笑很不明智，从长远来看也不准确。最终，巴菲特被证明是正确的，人们对他的信任度飙升到了最高水平，自此之后再没有人怀疑他。

巴菲特并没有真正遭受"卡桑德拉的诅咒"，华尔街另有一位投资人才是名副其实的受害者，如果不是财经记者迈克尔·刘易斯的敏锐报道，人们很可能永远都不知道他。

1　"卢德"是英语"Luddite"的音译。"卢德分子"指的是19世纪英国工业革命时期因为机器代替了人力而失业的技术工人，现引申为持有反机械化和反自动化观点的人。本书所有脚注均为译者注。

这位真正的"华尔街的卡桑德拉"就是1971年出生于纽约的迈克尔·伯里。他曾在加州大学洛杉矶分校学习医学，然后在田纳西州获得医学博士学位。在斯坦福大学担任住院实习医生期间，他利用业余时间创办了自己的对冲基金，并迅速展露出一名成功投资者的天赋。在互联网泡沫破裂后不久的2001年，标准普尔500指数下跌了近12%，而伯里当年的投资回报增长了50%以上。可能有很多人会说这是初学者的运气，然而，当第二年标准普尔指数下跌22%时，伯里的投资回报超过了15%。2003年股市开始回暖，此时的伯里更以50%的回报率轻松击败了市场平均28%的成绩。

在2005年前后，伯里转移了投资重点，开始建立做空次级抵押贷款债券的头寸——当时还没有正式的做空方法，全靠他自行创造。伯里的天才之处在于，他发现了次贷市场中的危险断层，并想要做空。他向市场发出了一个警告信号：金融大灾难即将来临。这条警告信息有理有据，伯里坚信自己的判断，将所有资金都押了上去。

事实证明，伯里准确预言了70年来最大的金融危机。但是有多少人知道他的预言呢？几乎没人知道。当年有很多人不相信沃伦·巴菲特的警告，但起码他的声音还能被华尔街的投资者们听到，而伯里的预言根本就没引起半点注意——没有媒体报道，没有圈内人谈论，根本没有人知道他说过这些话。

其实伯里的情况比卡桑德拉还要糟糕很多。卡桑德拉说的话没有人相信，这是她最大也是唯一的障碍，而伯里还面临着另一个不利因素——完全不擅长沟通。伯里两岁时因肿瘤失去了一只眼睛，这让他在面对面交流时很尴尬，每次直视对方时，那只玻璃假眼总会奇怪地歪到一边。整个上学期间，这种交流上的尴尬一直困扰着他，所以他几乎没有什么朋友。在他人眼里，伯里是个另类，不管是读小学、中学、大学，在斯坦福大学当住院实习医生，还是来到华尔街时都是如此。此外，伯里的穿着也很特立独行。华尔街精英们的着装是量身定做的西装、上浆的衬衫和温莎结领带，这几乎已成为行业着装规范，而伯里却常常穿着短裤和 T 恤上班。

金融危机发生数年后，伯里的基金获得了726%的毛利收益，但依然没有人相信他曾对危机做出过精准预测。发生在2008年的一件事最能说明伯里的卡桑德拉式遭遇。当时的彭博新闻社发表了一篇文章，详细列举出所有预测过这次金融危机的专家，其中却没有迈克尔·伯里。没人打电话询问他的故事，没人试图了解他当时的预言，甚至金融危机调查委员会（一个由奥巴马总统设立的小组，负责调查金融和经济危机的原因）在一开始也没有兴趣与他交谈。当然，委员会最终还是找到了迈克尔·伯里，在访谈开始时，专家们表示之所以找上他，只是因为"在电影《大空头》中知道了你的故事"。

然而，这些专家却在一开始就采访了曾报道过伯里经历的财经记者迈克尔·刘易斯。

为什么金融危机调查委员会的专家们会去找一名记者探讨金融危机的产生原因呢？与真正的预测者迈克尔·伯里直接交流不是更有意义吗？迈克尔·刘易斯的确是一位非常优秀的记者，但他并不具备伯里那样深厚的金融专业知识和丰富的实践经验。

如果用锚定效应[1]分析金融危机调查委员会的做法，以上问题的答案就呼之欲出了。在判断信息的可信性时，人们往往有一种自然的倾向，会将信息的重要性与传递者的突出特质联系起来。如果这位传递信息的沟通者是个知名人士，那么他身上的特质就能营造出一种可信的假象，但这些特质常常与信息本身毫无关联，或许这位名人只是碰巧魅力十足、非常有钱、身居要职，或是讨人喜欢。这就解释了一个虽不公平、但合乎情理的现象：知名人士承担沟通者的角色时，会得到远超正常程度的荣誉或诋毁。

想要合理判断某事的相对价值，人们必须先进行一项艰难任务——处理大量相互矛盾的信息。哪位候选人是最佳人选？

---

1 锚定效应，又名沉锚效应，心理学名词。指的是人们在对某人某事做出判断时，易受第一印象或第一信息的支配，这些印象和信息就像沉入海底的锚一样把人们的思想固定在某处。

互联网公司的投资价值到底有多高？做空次贷市场有意义吗？像这样的问题本来就不容易回答，所以也很难判断某个针对这些问题的答案是对还是错。正因如此，我们判断一个观点的好坏时，往往不是考虑其合理性，而是考虑提出这个观点的人。我们无法将信息与传递信息的人分开，所以才会无视像伯里这样的真正专家。

所以，那些能够高效传递信息的沟通者都有一个基本特点：他们自身也成了信息。

回到刚才的问题：为什么金融危机调查委员会选择听取迈克尔·刘易斯对伯里预测的介绍，而不是直接与伯里本人沟通？因为刘易斯更引人注目、更容易沟通。虽然那些观点并不属于刘易斯本人，但他口齿伶俐、头脑聪慧，是一名受过专业培训的记者，而且曾在所罗门兄弟公司当过债券推销员，对金融业也有一定了解。最重要的是，他很有名。所以委员会的专家们忽视了现实版的卡桑德拉——迈克尔·伯里，而首先与迈克尔·刘易斯对话，他们认为刘易斯是更好的沟通者。这无疑是在以人的质量来判断信息的质量，毕竟，发现那些已经身处聚光灯下的人要容易得多。

也有人说，被拒绝的并不是伯里，而是他的信息。这种观点认为，很多人根本不愿考虑次贷市场即将崩溃的可能性，更不用说相信了，人们会选择性忽视那些令自己不快的信息，哪怕这些信息来自全世界最有魅力的人。然而事实并非如此，被忽视的就是伯里本人，在次贷市场崩盘之前，他的一些投资者就曾试图抛弃他。不过，还是有一些人相信伯里的分析，并且利用更好的形象成功地把伯里的信息传递了出去，德意志银行次贷首席交易员格雷格·利普曼就是其中之一。他并不比伯里聪明，也不比伯里更具洞察力，但拥有伯里所缺乏的自信和权威，因此德意志银行及其股东听从了他的意见。伯里对形势的判断是正确的，但他并不属于合适的沟通者类型，所以他的信息只能在极小范围内传播。利普曼对形势的判断也是正确的，同时他还是正确类型的沟通者，因此他本人、德意志银行和银行投资者都从中获益，利普曼还额外获得了 4700 万美元的奖金。

当某人传达信息时，听众不仅仅会对信息的连贯性和可信性进行判断，还会对这个人进行一系列判断：他真的明白他自己传递的信息吗？他是否拥有相关专业知识和经验？他是否具有完成任务的韧性与毅力？他诚实可信吗？他是不是别有用心或者想要欺骗我？我可以相信他吗？

当投资者们接收到伯里和利普曼的信息时，他们无疑也在暗暗思索这些问题。伯里和利普曼传递的信息是相同的：次贷市场岌岌可危，很可能会引发金融海啸。这是经过翔实调查和透彻研究后得出的结论，事实也证明他们是正确的。但是，只有利普曼成功说服了投资者。

所以说，迈克尔·伯里才是真正的"华尔街的卡桑德拉"。

沟通者与信息

为什么有些沟通者的信息就会被倾听、接受和应用，而有些人的则不会？这就是本书将要探讨的内容。

首先，要对相关词汇进行界定。本书中的"沟通者"是指信息的传递者——可以是个人，也可以是团体、媒体平台或者组织。"信息"可以是一个数据，比如天气预报中的气温数值；可以是一种观点，比如记者写的评论文章；可以是一条反驳讯息，比如推特上的辟谣推文；可以是一场销售活动，比如厂家邀请明星或名人站台推销商品；甚至还可以是一种政策理念、愿景或世界观，在引导信息受众注意力的同时，影响他们的观念、信仰和未来行为。"信息的受众"可以是任何人，从个人到团体都可以。"沟通者效应"指沟通者的信息对受众的影响程度。

重要的是，这种影响并不一定来自信息本身，相反，它是因信息受众认为传递信息的人拥有某种特质而带来的结果。本书将详细研究沟通者的八个基本特质，它们都会对信息能否被倾听产生决定性影响。读者们可能对某些特质很熟悉，但也有些特质是我们不太了解的，这些特质往往比较微妙、难以察觉、常常被遗漏，但它们对信息受众来说影响巨大。

还有一个我们必须认识到的重要问题：虽然沟通者负责传递信息，但他不一定就是创造信息的人。比如，大公司会聘请演员出演广告，为产品代言。公司高管们也会聘请商业顾问，让他们发布坏消息或倡导新理念，这种方式引发出一种对顾问的普遍看法，即"顾问不需要比客户知道得更多，他们只需一套西装、一个公文包就够了"。那些经常抛头露面的公众人物们演讲时使用的稿子，大部分都是雇用初级写手撰写的，如果某次演讲非常重要，他们偶尔也会雇用专业演讲稿作家。竞争对手会通过调解人传递信件。离婚夫妇通过律师表达诉求。学校里的孩子们会通过朋友向异性倾吐自己的爱意。媒体往往会花一大笔钱从最权威的沟通者那里获得一条新闻，却对能够以更低廉价格提供相同信息的人不屑一顾。

无论信源是什么，信息一旦被传递，就会产生一些有趣的影响。不管信息是不是由沟通者本人创造，在听众的脑海中，信息内容和传递信息的人都会被紧密联系起来。这种关联，会严重影响人们对沟通者和信息的看法。例如，"不要杀死信使"这句话的出现，就是因为古代军队将领们常常会惩罚带来坏消息的密探和使者。传说，有一名信使面见亚美尼亚国王提格兰二世，警告他罗马将军卢库卢斯的部队正在来犯途中，但提格兰二世的回应却是砍掉了信使的人头。不难推测出，这之后提格兰二世收到的都是好消息，但最终卢库卢斯赢得了战争。

传递信息的风险不仅仅发生在下级面对上级的时候，皇室信使在向公众传递君主信息时也会面临类似的危险。在几个世纪前，城镇公告员作为英格兰国王的代言人，常常被那些不喜欢国王命令的暴徒攻击。对城镇公告员的攻击非常普遍，以至于国家不得不立法来保护他们。法律规定，所有对城镇公告员的伤害都被视为对国王的伤害，施暴者会被定为叛国罪。叛国罪的刑罚是什么？死刑。

我们看到，人和信息之间的联系是如此密切。想要了解信息传递的机制，我们必须了解人们如何根据沟通者的特质来对其可信度进行判断，了解哪些特质对人们影响最大。如何判断某位沟通者是否真的理解信息？如何判断他拥有哪些技能？如何判断他是什么样的人？

我们对他人的看法并非一成不变，随着时间的推移和反复的互动交流，我们肯定会调整、修改自己对他人的看法。不过，对他人最初的看法，即第一印象的形成速度非常快，有时只需要几毫秒。斯坦福大学心理学家纳利尼·安巴迪曾开展了一系列关于快速判断的研究并最终证明：人类非常善于根据简短的观察形成大致准确的印象。她的研究表明，我们在短时间内对某个陌生人产生的第一印象，不仅与其他人对这个陌生人的第一印象大致相同，也与这个陌生人对自己的性格认知相一致。

这样的判断，很大程度上来自我们对他人自我表达方式的感知。安巴迪和哈佛大学心理学家罗伯特·罗森塔尔合作进行了一项心理研究实验：实验参与者要观看一些无声的视频，内容是13位教师在进行教学讲解，每段视频只有10秒钟；看完视频后，参与者要从15个性格维度对这些老师打分，包括自信、激情、掌控力、专注、乐观、专业能力、专业精神，等等。安巴迪和罗森塔尔发现实验参与者们的评分非常一致，如果一位参与者认为某位老师很讨人喜欢，那么其他大部分参与者也会喜欢这位老师。更重要的是，这组实验参与者给出的评价，与学生们在学期末对老师的评价高度相似。想想看：实验参与者仅仅看了10秒钟的无声视频，然后对视频中的教师进行个性评估，其结果竟然与这些教师自己的学生们给出的评估相一致，而这些学生是在与教师相处数个月后才进行了评估。

这听起来很神奇，但实际上，实验参与者只是受到了13位教师发出的肢体信号的影响。随后，安巴迪和罗森塔尔安排两名独立研究员观看这些视频，并一秒一秒地分析每位教师的肢体语言。他们发现，这些教师的每一次低头、摇头、激情讲解或热情微笑，都会进入观察者的大脑并且不断累积影响。无论是看起来充满激情的教师，还是那些皱着眉头、挑剔的教师，或者是低着头、看起来缺乏自信的教师，都被观察者默默记下、打分。无疑，对后两种的评价会更差。

安巴迪的研究表明，人类只需短暂的视觉观察就可以形成第一印象。只需短短几分钟的观察，我们就可以推断出哪些人更自信、更热情、有控制力、有支配力、值得信赖、讨人喜欢或者专横无礼。在接触一个陌生人的50毫秒内，这一感知过程就会被自动触发。而且，这一感知机制在我们出生后不久就已经建立。

当然，人与人之间的互动不仅仅是通过第一印象和非语言行为进行的，真正的尊重感和联系感并不会在匆匆一瞥后就立刻形成。随着时间的推移，我们会对他人产生更多的理解和感情，有时是积极的，有时是消极的，有时两者兼有，这些都会影响我们对他人所传递信息的判断。一般来说，如果我们尊重某人，并感觉与此人之间有某种联系，那就会更倾向于倾听和跟随。(当然，这条规则有很多例外，后文会对此进行探讨。)我们还可以学习如何管理自己发出的信号。人际沟通教练或公关礼仪培训师可以指导我们通过改变自己的言语、表情和礼仪举止来让自己表现得更加积极。我们甚至可以自行磨炼表达技巧，当然这条路会更难。然而，以上这些学习方法收效甚微，因为不管是培训师还是我们自己，都缺乏对这一现象的科学理解——我们不知道一位成功的沟通者通常具备哪些特征，以及这些看似无关紧要的特征会对我们产生何种影响。

沟通者的硬实力和软实力

1982年，学者爱德华·琼斯和塞恩·皮特曼提出了一个理论框架，列举了一个人在传递信息时可以采取的五大形象展示策略——能力、正派、威严、讨喜、示弱。人们不仅要根据场合的不同来选择策略，还会在单次互动中进行策略的转换。单从内容来说，琼斯和皮特曼的理论框架已经很不错了，但仍存在不完整的地方。并且，在过去40年间大量涌现的研究成果已经超越了这一理论。

本书将为读者提供一个更现代、更高效的理论框架，将沟通者的特质分成两大类：硬实力和软实力。拥有硬实力的沟通者会展示自己优越的身份和地位，让信息受众接受他们的信息；拥有软实力的沟通者会让信息受众感受到双方间的某种联系，进而接受信息。本书将依次探索沟通者的这两大类特质。

在第一部分，笔者会探讨沟通者的硬型特质，善用这种特质的沟通者拥有或声称自己拥有优越的身份和地位。地位较高，社会影响力就越大，无论地位来自官方还是民间认可。人们相信地位高的人拥有权力或可贵品质，可以为他人带来更多价值，例如，公司领导者或运动队队长。通常情况下，人们会将地位与工作职位联系起来，这不难理解，身处组织顶层的领导者们掌控着公司所有资源，他们会做出最重要决定，并获得最高薪酬。人们会给予这些居于高位的领导者更多尊重，认为他们会为组织带来更多的价值。但是，地位等级并不仅仅局限于工作领域，在学校、家庭、朋友、同事、社区邻里，乃至更为广泛的社会人际关系网中，地位等级都是客观存在的。本书的第一部分会用四个章节分别探讨沟通者的四大硬型特质及其在实际沟通中的应用：社会经济地位、能力、支配力和外表吸引力。

在第二部分，笔者会探索沟通者的软型特质。想要高效地传递信息并产生影响力，只靠富有或名声是不够的。优秀的沟通者也不一定就是专家，不一定拥有权威或者超乎寻常的吸引力。具备软型特质的沟通者可以在信息受众与自己之间建立起某种联系。人类是社会性动物，拥有强烈的相互交流、合作的愿望。在现实生活中，我们获取的信息并不全都来自专家或者企业高管。很多时候，我们更愿意听从那些自己信任的，或者和自己很像的人。本书第二部分将会探索沟通者的四大软型特质及其在实际沟通中的应用：友善、示弱、可信性和魅力。

在结语部分，本书会讨论硬实力和软实力间的相互作用，以及不同特质所适用的具体情况，还有这些特质在专业性领域和社会领域产生的影响。这些特质会从根本上影响社会结构和人们的社会位置，包括我们的价值观、我们追随什么、我们相信谁、我们加入哪个团体，等等。那么，要如何运用这些特质对社会产生的广泛影响力呢？针对这个问题，本书提出了倾听、相信、成为这三个步骤，可供不同群体参考，包括决策者、专业沟通工作者、教育工作者、家长，等等。我们写作本书，就是为了针对影响我们接受信息的重要因素展开讨论。

了解沟通者的硬型和软型特质至关重要，因为它们不仅从根本上影响我们选择倾听哪个对象，更影响着我们会成为什么样的人。

第一部分

硬性影响力

社交网络具有非凡魅力。人们可以在各种社交媒体平台上发表自己的观点，当然要受字符数限制。很多平台还提供了信息管理机制，发信息的人可以通过在文中加入主题标签，实现对信息的系统性分类。其他用户可以通过"点赞"表达自己对某条信息的喜欢或赞同，通过"回复"参与讨论，还可以通过"分享"将信息转发给自己的好友。

正因为如此，社交网络上的信息可以像野火一样迅速传播。通过形形色色的社交媒体平台，任何人都有可能让数以百万计的人看到自己的信息。

但社交网络也是出了名的肤浅。用户发布信息时不必字斟句酌、引人深思，其文字也不必是发自内心、一针见血的，甚至可以是不准确、不真实的。但是，在社交网络上发布的信息必须要足够吸引眼球，哪怕能引发瞬间关注也好。如果将社交网络拟人化，那么他就是一个患有注意力缺陷症的三岁孩童，将父母递过来的所有玩具都扔到一边，同时露出期待的表情："就这些了吗？你还有其他好玩的吗？快拿出来，让我开心一下。"

2017年，科罗拉多大学的哈沙·冈哈巴特拉与著名社交媒体平台推特的软件工程师马苏德·华拉法合作开展了一项研究，主题是推特上的信息如何影响人们的观点和态度。研究人员随机选择了30万活跃的用户，跟踪他们在过去一个月内发布的信息、回复的内容和阅读轨迹，研究这些用户是受大众传媒（电视节目、报纸新闻和网络文章）影响比较大，还是受特定类型人群的影响比较大。

研究结果指向后者：推特上的意见领袖们似乎形成了一个连接紧密的社区，他们会相互关注，并就自身关注的信息内容形成一套特有的态度和看法，然后以此为基础发布信息，而他们的粉丝则会阅读、点赞、转发及回复这些信息。这就像是婚礼上的香槟喷泉——顶端的杯子不断被注入酒水，满溢的酒水又源源不断地流入下层酒杯中，就这样一层又一层地流淌下去，直至所有酒杯都被盛满。

冈哈巴特拉和华拉法的研究表明：与传统媒体不同，社交网络的准入门槛很低，而且某些人拥有过大的能量和影响力。简单来说，那些最受关注、对公众影响最大的人并不一定最风趣或最有见地，他们往往只是拥有某种形式的特殊地位。

这里有一个很好的案例。一个叫罗比·麦克海尔的人在2017年8月12日下午4时59分发了一条推文，从吸引眼球的角度来说，这篇推文有好几个值得称道的地方。第一，麦克海尔谈到了当时一件引起广泛讨论的公众事件，我们都知道，发布信息时的社会或事件背景往往比信息本身更重要。第二，这条推文的发布时机把握得相当好，就在事件发生的当天。第三，罗比·麦克海尔的推文显然经过字斟句酌，并且加上了标签。

这样的推文，怎么会不引发关注呢？

但到了8月25日，也就是推文发出后的第13天，罗比·麦克海尔只收到了1条回复，没有人点赞，也没有人转发。毫无疑问，他的推文敏锐且及时，但影响度几乎为零，更像是那个患有注意力缺陷症的孩童扔掉的玩具。

就在麦克海尔发布这条推文的7分钟后，另一个人也发布了一条非常相似的推文。说实话，这条推文不具备走红的任何条件，发布者甚至没有自己组织语言，而是复述了一句与事件相关的名人名言。

尽管如此，这条推文的热度却急速攀升。

当然，这条推文也有两个优点。首先，推文内容虽然不是原创，但也很有说服力。其次，发布者还配了一张自己的照片——一群孩子聚集在窗后，他本人则站在窗外仰脸向着这群孩子微笑。实际上，照片中的人才是这条推文走红的根本原因。

到2018年初，这条来自美国前总统巴拉克·奥巴马的推文被转发了160多万次，获得了440万个点赞。推特发言人说，这是截至当时史上热度最高的推文。

美国前总统的推文获得了超过440万人的支持，点赞数还在不断增加中，而罗比·麦克海尔的推文只获得了1人的支持，这强烈的反差难道不令人惊讶吗？一点儿也不，因为奥巴马的推特粉丝数超过1亿，接近推特注册用户数的30%。这些人登录推特时，都会看到奥巴马的信息。所以，美国前总统理所当然地盖过了罗比·麦克海尔。

社交网络看似人人平等，实际上等级森严。诚然，它提供了一个理想环境，所有人都可以发声，也都有机会被听到。但现实情况是，只有一小部分拥有特殊地位的人才会被听到。

地位是沟通者硬实力的一种，而且效果异常强大。在大众眼中，那些拥有较高地位的人具有更高的工具价值。人们认为他们拥有的某些特征或品质，不仅可以帮助他们自己获得成功，还可以为其他人带来更多价值，所以，这些人值得被倾听。这套思维赋予了高地位者更大的影响力。也正因为如此，当人们第一次见面时，谈话总是从"你具体是做什么的"开始。

通过一个人的地位，我们可以推断出许多特质，有时很准确，有时则不那么灵光。了解对方的地位，可以让我们回答一个至关重要的问题——这个人的话值得听吗？本书第一部分将讨论沟通者最重要的四种硬实力。这些特质会让人们认为某位沟通者拥有很高的地位，从而让他处于传播信息的更有利位置。这些特质包括社会经济地位、能力、支配力和外表吸引力。

第一章

社会经济地位

影响力就是自上而下、顺势而为

很多人对成为名人无比向往，因为名人拥有巨大名气，能受到人们的青睐和逢迎。但明星们对此则是忧喜参半。在电影《滑稽人物》中，曾获过多项大奖的歌手埃米纳姆大吐身为名人的苦水："我不能去百思买，不能去沃尔玛，也不能去凯马特，你说得出名字的地方我都不能去。陌生人不是死盯着我看，就是想与我合影。"美国喜剧演员阿兹·安萨里曾受邀做客《魔鬼经济学》这档播客节目，在接受主持人斯蒂芬·杜布纳的采访时也表达了类似的观点。虽然他也意识到身为明星的好处："所有人都对你很好。陌生人会走到你面前，表达对你工作的欣赏……他们会说：'我喜欢你的作品。'这种感觉真的很棒。"但随后他就谈到了身为明星的烦恼："如果你的知名度上升到一定层次，走在街上就会不断有行人认出你、拦住你。在过去我会如他们所愿，和他们一一合影，但现在我感觉自己越来越暴躁。我依旧会满足他们，但内心对此十分不爽。想象一下，你打算和女友共度浪漫时光，但每分钟都会有人过来打扰你们……我认识一些名人，他们甚至从不在街上露面，而是总躲在一辆黑色轿车里。无论去哪里，他们都要乘坐那种黑色轿车，而不能像普通人一样随意行走。我不想过这样的生活，我想随意行走，做个普通人，就像其他人一样。"

安萨里似乎在说，出名是件好事，但是要保持在一定范围之内，一旦超出范围，就会面临各种问题和痛苦。

成为名人的好处是显而易见的。大多数人喜欢被赞美，喜欢从别人的赞美和认可中获得喜悦。有学者发现一个奇怪的现象，即使赞美是虚假、没来由的，许多人也会非常欣喜地接受。还有研究表明，被赞美的人会对赞美者更为友善。所以，一家粉丝网站的评论员建议大家，在要求与名人合影前，一定要先告诉对方你有多么喜欢他的最新作品，而不是在合影之后才说出来。

名人是一个特殊的群体，公众认为他们是社会中最顶尖的一群人，认为他们值得被关注（通常是赞赏和羡慕），并渴望见到他们。公众越是肯定、关注他们，这种信念就会越强烈。2009年英国的一项社会调查中，研究人员询问10岁的孩子长大后想做什么，大部分回答是想成为流行歌星、运动员或演员；另一项调查显示，22%的孩子（平均年龄同样为10岁）表示长大后想成为富人，19% 的孩子想成为名人。这些研究证明，名人对社会有着巨大的影响。虽然名人们不喜欢名气带来的过度关注，但不可否认的是，名气给他们带来的巨大权力和影响力，远远超越其所在领域的平均水平。

无论是电影明星、流行歌星，还是体育明星，名人总能吸引公众注意力，所以他们是高效的沟通者。但一定要记住，我们不仅仅是因为名气才关注他们。我们回应的不仅仅是他们的名声，还有他们的社会经济地位，这是名声的组成部分之一。道理很简单，我们之所以关注名人们传递的信息，是因为他们身处等级金字塔的顶端。不过也有很多人，虽然具备和名人相同或更高的地位，但并不像名人一样家喻户晓。这意味着，你不必非得出名才能获得关注和尊重。

社会经济地位的标志

1967 年一个阳光明媚的星期天早晨，安东尼·杜布和艾伦·格罗斯各自坐上一辆汽车，行驶在加利福尼亚州北部的帕洛阿尔托和门洛公园附近的道路上。每辆车上都有一位秘密乘客，他们低调地躺在后座上，隐藏在其他驾驶者的视线之外。每位秘密乘客身上都有两只秒表和一台录音机。

杜布和格罗斯是不是要玩恶作剧呢？当然不是。他们正在研究一个有趣的问题并试图找出答案：加州司机在路口被耽搁时，会不会鸣笛催促？

　　安东尼·杜布按照计划在一个狭窄的十字路口前"恰巧"被红灯拦停，接着有几辆车在他后面排起了队。随后信号灯变绿，但是杜布一动不动地坐在那里，让引擎一直开着。与此同时，艾伦·格罗斯也在城市的另一边做着完全相同的事情。

　　经事前调查，他们选择的十字路口的平均绿灯时间为12秒，而且道路狭窄，后车司机无法绕过他们。他们也知道，自己的拖延会让后车司机感到不快。但是，到底有多少人会鸣笛发泄愤怒呢？他们后座的秘密乘客通过录音找到了答案：68% 的人至少按过一次喇叭，还有几位司机甚至愤怒地驾车撞击他们的后保险杠。

　　不过，确定鸣笛人数只是实验的目的之一。杜布和格罗斯还想知道，堵路车辆的档次高低，是否会影响人们的鸣笛行为。

　　所以，他们特意准备了两辆不同品牌的车。其中一辆是1966年的黑色克莱斯勒新款皇冠帝国，这是该品牌的顶级车，再经过清洗和抛光，任何人都看得出它很高档。第二辆是车身生锈的1954年福特旅行车，后来这辆福特车糟糕到经过几次实验后就被换掉，因为杜布和格罗斯担心后车司机会认为它是因为坏掉了才原地不动。他们又找来另一辆低档车——1961年的灰色漫步者厢式轿车，这辆车同样很旧，没有清洗，也没有抛光。

在开始实验之前，杜布和格罗斯采访了一群心理学系的大学生，要求他们想象自己被一辆一尘不染的黑色克莱斯勒或一辆肮脏的灰色漫步者轿车堵在路口的情景。"信号灯变绿了，但司机一动不动。此时你会鸣笛吗？在鸣笛之前，你觉得自己会等多久？"

"当然要鸣笛。"学生们众口一词地表示说不会区别对待这两辆车，甚至有些人说自己面对高档轿车时等待的时间会更短。但在那个阳光明媚的周日早上，实验记录向我们展示了完全不同的结果。从总体上看，有将近70%的后车司机鸣笛。但是，后车司机对两车的态度大有不同：只有不到50%的人对着高档车鸣笛，而对低档车鸣笛的比例则高达84%。车辆的档次、状态不仅影响了司机的鸣笛行为，还影响了他们鸣笛前的等待时间。被高档车堵路时，后车司机通常会等上较长一段时间才鸣笛；而被低档车拦住的后车司机，鸣笛等待时间要短得多，并且鸣笛往往不止一次。

这是一次另类的心理学实验，距今有50多年的历史了。然而，近几年的一些相关研究结果却与它高度一致。例如，2014年法国研究人员发现，如果一辆车行驶缓慢，碰巧又是高档车，那么被后车司机超车的可能性就会小得多。也就是说，在决定是否鸣笛或超车时，有些司机会受到汽车档次和状况的影响，更进一步说，受到车主的影响，这也在某种程度上解释了为什么名人都喜欢乘坐黑色带防窥车窗的汽车来隐藏身份。乘坐豪华交通工具来隐藏自己的身份，真的可以让名人们同时实现这两个看似矛盾的目标：既表明自己的不凡地位，又不必像埃米纳姆和阿兹·安萨里所哀叹的那样，承受不必要关注带来的负面影响。黑色带防窥车窗的高档车增加了车内乘客的神秘感。这是一种非常有效的方式，可以让名人们在不被认出的情况下，保持自己的知名度。

不过，也并不是说车越便宜，车主的地位就越低。2006年美国政府停止了一项针对低排放汽车的税收减免政策，这让低排放汽车的平均购买成本增加了3000美元。有趣的是，低排放量车丰田普锐斯的销量不降反升，增幅高达69%。很快就有文章指出，销量大涨是因为很多好莱坞明星放弃了自己的法拉利跑车，开上了新买的普锐斯。这种行为被称为竞争利他主义（competitive altruism），它发出了这样的信号：都看看我，我是大自然的好朋友，我愿意为了环保而付出更多金钱。

社会经济地位只是地位的一种，但也是最明显、最突出的一种，因为它可以很容易就通过消费行为展示出来。带有防窥车窗的豪华轿车就是炫耀性消费的绝佳案例。炫耀性消费是社会学家托斯丹·凡勃伦创造的术语，他发现：某些人为了提升自己在他人眼中的社会地位和威望，会故意支付高额金钱购买超出必需性和实用性的商品或服务。所以说，社会经济地位是可以用金钱购买的。例如，一辆法拉利跑车，一块价值百万美元的手表，一间顶层海景公寓，所有这些都是为了显示其主人的地位和财富而存在，它们可以改变他人对物品主人的看法。但炫耀性消费并不是展示社会经济地位的唯一方式，一件不起眼的 T 恤也可以做到这一点。

2011 年，两位荷兰心理学家进行了一系列研究，这些研究与杜布和格罗斯的实验十分相似，只不过使用的道具是 T 恤。实验场所选在一个繁忙的购物中心，研究人员走近购物者，询问他们是否愿意参与一个小调查，事后可以获得一杯饮料作为回报。如果购物者同意，研究人员会拿出一组照片并随机展示一张，让他们对照片中人物的社会经济地位进行评估。这组照片几乎一模一样，同一名年轻男子穿相同款式的马球衫，拍摄的角度也完全相同，除了一个象征地位的细节，那就是马球衫胸口的商标，有些照片上的马球衫没有商标或只印有普通商标，有些则印有高档品牌的商标。

实验对象普遍认为，那些衣服上印有高档品牌商标的人地位更高，也更加富有。在加州的十字路口，一辆豪车可以提升车主的社会经济地位；在荷兰的购物中心，名牌马球衫的商标也做到了这一点。

回想一下杜布和格罗斯的研究，一辆车的档次高低会影响后车司机等待鸣笛的时间长短。那么，印有高档品牌商标的套头衫，是否也会产生类似的效果？例如，是否可以让人们答应某个会浪费自己时间的请求呢？于是，荷兰心理学家进行了另一组实验：在相同的购物中心，一位手拿写字板的研究人员随机拦下路过的购物者，直视对方双眼并询问对方是否愿意回答几个问题。研究人员在实验的前一半时间里穿着印有名牌服装商标的套头衫，在后一半时间里则穿着不带任何商标的套头衫。结果，当研究人员穿着不带任何商标的套头衫时，只有13%的人同意了他的请求；而当研究人员换上可以彰显社会经济地位的高档套头衫时，52%的人同意了他的请求。

这种影响不仅仅发生在举手之劳的小事上。在另一项研究中，这些荷兰心理学家派出了若干募捐者挨家挨户敲门，为荷兰心脏基金会募集慈善捐款。其中一半募捐者穿着印有奢侈品牌商标的衬衫，另一半人穿着没有商标的衬衫。实验结果十分相似：人们对社会经济地位看起来更高的沟通者反应更积极，穿着名牌衬衫的募捐者收到的捐款是另一组的两倍。注意，每位募捐者表达的请求都是相同的，不同的是人们对其社会经济地位的看法。也就是说，沟通者的社会经济地位已经变成了信息本身。

地位可以被"买"到

像高档商标这样的昂贵信号不仅仅存在于人类社会，在动物世界也比比皆是，孔雀就是典型的昂贵信号使用者。雄孔雀会让自己的尾巴长得尽可能大、尽可能美，因为一条漂亮的大尾巴会向雌孔雀发出"我拥有优秀基因"的信号。当然，这么做也会产生危险。与名人们的遭遇相似，昂贵信号也会让雄孔雀暴露在所有动物的视线下，并引来致命的天敌。不过，虽然大尾巴让躲避捕食者变得更加困难，可对急着获得雌性青睐的雄孔雀来说，这是值得冒的风险。

我们很容易理解，为什么雄孔雀愿意冒着巨大风险来彰显自己的地位。因为交配、繁殖的成功与否，全都靠它那漂亮的大尾巴。同样的原理也适用于人类：沟通者展现出的财富或地位，会影响人们对他的印象与反应。虽然有人认为炫富行为十分粗俗，但并不意味着我们能够免疫这些信号的影响。在杜布和格罗斯的实验中，心理学系的学生们认为自己根本不会受到前车档次的影响，甚至有人声称高档车会让自己的反应更为激烈，但实验结果并非如此。

社会经济地位高的人会享有一系列特权，这就是人们愿意购买高溢价产品和奢侈品的原因。人们购买奢侈品的意愿与其购买能力并没有太大关联，促进购买的主要动力是表明自己高人一等。即使是发展中国家的低收入者，也往往愿意支付高价去购买那些"地位更高"的产品。曾有研究人员在玻利维亚进行过一项实验，他们准备了两款一模一样的香水，唯一不同的只有商标，然后邀请低收入者从中选择一款。结果是，很多人都愿意花更多的钱购买"高档品牌"的香水，而不是实际上一模一样的普通香水。尽管这些人经济上并不富裕，可一旦遇到能提升自己社会经济地位的机会，还是会牢牢抓住。即使在贫困社区，所有人都处于社会底层，人们也愿意购买可以彰显地位的物品。

很多人都想知道如何通过物品来彰显自身的社会经济地位，心理学家布拉德·布什曼就此进行了一次巧妙的实验。布什曼的研究同样是在购物中心进行，表面看起来只是邀请过路的购物者们品尝花生酱。备选的花生酱有四种：带有高档品牌商标的昂贵产品、带有高档品牌商标的廉价产品、带有廉价品牌商标的昂贵产品，以及带有廉价品牌商标的廉价产品。研究人员向接受邀请的实验参与者随机提供一种花生酱，并要求他们在品尝后说出自己的喜爱程度，以及愿意支付的价格。此外，研究人员还向参与者发放一张问卷，上面有"我很关心是否给他人留下好的印象""我关心他人对我的看法"之类问题，以及"很符合""一般符合""不符合"的选项，以此来衡量每位参与者的公我意识[1]。

即使罐子里的东西完全一样，大部分参与者还是表示更喜欢贴着高档品牌商标的花生酱。在公我意识测试中得分较高的参与者，这一倾向更加明显，他们对贴有高档商标的花生酱更加喜欢，对贴有廉价商标的花生酱更加无感。由此可见，愿意彰显自身社会经济地位的人都具有较强的公我意识。

既然高档汽车、名牌衬衫，甚至连贴着高档品牌商标的花生酱都能提升一个人的社会经济地位，那么自然有很多人愿意用金钱来换取地位，甚至为此而忍受一时的窘迫。研究表明，最好的奢侈品销售人员应该表现出冷漠和自负，在接待对奢侈品毫无了解的消费者时更要表现出鄙夷与恼怒。讽刺的是，销售人员的轻蔑态度不仅不会让消费者扭头离开，反而会激发他们的购买欲望，在那些公我意识较强的人身上这一现象尤为明显。这些人更关心自己的公众形象，更愿意支付额外费用来提高自己的地位。他们认为这可以增强他人对自己的好感，进而提升自己的影响力。佛罗里达州立大学的研究人员发现，销售人员往往会穿名牌服装并举止傲慢，以此来彰显更高的社会经济地位。这会让潜在顾客感受到冷漠、厌恶和被轻视，但越是

1　公我意识，指人们在公共社会环境中的自我意识。公我意识高的人会避免不合群的行为，对他人的意见十分敏感，会为了期待中的社会交往而调整自己的意见和行为。

如此，顾客越渴望通过购买来缩小双方差距，获得与对方同等的地位。人们普遍认为，顾客越喜欢销售人员，购买的商品就越多。但对自身社会地位感到不安的顾客恰恰相反，这些人在傲慢的销售人员面前有一种急于证明自己的强大欲望，而证明自己的最佳方式就是掏出钱包。

可以提升所有者地位的物品被称为"地位性物品"，它能让所有者在人群中脱颖而出。美国经济学家萨拉·索尔尼克和大卫·赫门威在2005年做过一项研究，他们列举出两种情况让实验参与者选择：第一种，比世界上的绝大部分人都富有，但比不过身边的人；第二种，虽然不是十分富有，但比身边的所有人都要好。比如说，自家房子有七个房间，周围人的房子都有十个房间，或者自家房子有五个房间，周围人的房子只有三个房间。

如果只看重房子的大小，那就应该优先考虑房间的绝对数量，也就是第一个选项。但是看重地位的人绝不会对这个选项感到满意，因为虽然有更大的房子和更多的空间，却比不上身边的其他人，他们更倾向于第二个选项。最后的实验结果是：大约三分之一的实验参与者愿意住在更小的房子里，只要周围的人比自己还要差。

人们对地位性物品的态度会因利害关系的改变而有所差别。比如说，人们对工作收入的重视程度一定高于其他，因为工作能提供各种利益（如工资、头衔、职位阶层），能带来提高自己社会经济地位的机会，当然也可以让一个人成为更高效的沟通者。早在1883年，法国社会主义思想家保罗·拉法格就在《懒惰的权利》一书中写道，机器将"成为人类的救世主，成为将人类从劳役中解救出来的上帝，为人类提供闲暇和自由"。当时的很多学者也支持这一观点，认为到21世纪时，发达国家的工作时间会大大缩短，人们可以享受更多的闲暇时光。但恰恰是工作赋予了我们地位，所以与休闲相比，我们更关注职场上的成就，以及与之相关的工资、头衔、职位阶层等。工作就像一个经久不衰的高档品商标，是我们社会经济地位的重要标志。

炫耀性消费并不是表明社会经济地位的唯一方式，人们还可以通过自己的日常饮食、出入场所、业余活动、所属社会团体来表现。这些信号可以在瞬间被他人捕获。在一项研究中，研究人员向实验参与者展示了一系列从社交网络的个人资料中提取的照片，参与者们可以非常准确地推测出照片上人物的社会经济地位，包括早期和当前的家庭收入、社会阶层，甚至父母的教育背景。他们的推测依据并不是外表的吸引力，而是照片的背景信息。这张照片是在哪儿拍的？照片里还有谁？这些微小信息可以告诉人们很多重要事情。研究发现，频繁查看他人的社交网络照片并将自己的社会地位与之比较，会引起人们的嫉妒心理，并导致越来越广泛的"社交网络抑郁症"。

人们甚至可以通过观察某个人与陌生人互动时的积极性来判断其社会地位。社会经济地位较低的人往往很乐于交际，一旦有了地位，感受到了他人的认同与尊重，与陌生人建立联系的欲望就会急剧减弱。这大概是因为社交需求已经得到满足，所以不太愿意继续与陌生人交往。

这一点已经被耶鲁大学管理学院的迈克尔·克劳斯和加州大学伯克利分校的达彻尔·凯尔特纳证明。两位研究者找来一群社会经济背景各不相同的实验参与者，安排他们同坐一室，等候实验的开始。其实真正的实验已经开始，克劳斯和凯尔特纳想观察的是，在没有人旁观的情况下这些陌生人会有怎样的互动。研究人员一次又一次地发现，那些社会经济地位较高的人（以富裕程度和受教育程度来衡量）表现出的亲和行为较少，更多是在玩手机、随手涂鸦或者整理仪容，社会经济地位较低的人则会不停观察自己的谈话对象，表现得也更友好，比如点头表示同意，或以笑声附和对方的笑话。克劳斯和凯尔特纳认为，这些不同的行为反映了不同地位的个体对交流和获得认可的渴望程度。随后，研究人员将这些互动情况制成无声短片，放给另一组实验参与者观看，但不允许他们讨论。结果，这组参与者依然可以迅速而精准地判断出短片中各人物的社会经济地位。

当然，这不意味着社会经济地位高的人性格更差，他们只是认为社交和地位需求已经得到了满足。正因如此，那些看起来太想交朋友、急于给人留下好印象的人往往弄巧成拙，原因不仅仅是他们的需求令人反感，还在于这种需求在不经意间降低了自身的社会地位。

用好等级的合理一面

为什么人类的行为会自然地符合自身等级？想要深入探究这一现象，我们可以从这个问题开始：当发出高社会经济地位信号（例如，穿名牌服装、驾驶或乘坐豪车）的人提要求时，为什么人们会更迅速、更轻易地接受？

从逻辑上说，有能力消费奢侈品的人反而不那么需要帮助，但这并不是问题的关键。等级制度之所以存在，并不是为了让底层的人获得升迁，而是为了激励那些已经成功到达顶峰的人。等级制度会确保他们拥有最好的物品和社会资源（也就是最具工具价值的事物），进而从下层人士那里获得更多关注和尊重，最终实现减少阶层冲突、降低重复竞争成本等一系列目的。在社会生活中，我们需要有人负责制定决策、设立规范、教导他人、引领团队乃至整个社会达成目标，并且这些人必须是最优秀的。现在，人们越来越关注日益严重的收入不平等现象。有报道称，首席执行官的收入是普通员工的200多倍，世界上最富有的1%

人士拥有世界近一半的财富。这种现象并不是只发生在现代。埃及法老王胡夫建造的吉萨大金字塔占地230平方米，接近150米高，需要200多万块巨型石块，每块重2.5吨，整个建筑由8万余名工人用时20年才得以完成。大金字塔之所以能够建造成功，是因为胡夫掌握了埃及的所有资源，而埃及是当时地球上最伟大的国家。据估计，吉萨大金字塔的建造成本相当于今天的100亿美元。在公元前2560年，全世界也许只有埃及拥有建设这样一座巨型建筑的必要资源。

等级制度几乎存在于所有社会领域中。比如在篮球比赛中，当后卫以投进三分球为目标组织进攻时，他们往往会把球传给本队中身价最高或最有名的球员，而不是当时位置最好的球员。换句话说，他们关注的是球员的地位，而不是当时的进球条件。在企业和大型组织中也是如此。在进行决策时，那些行业知名度最高或职位最高的人往往影响力也最大，换言之，作为沟通者，他们获得了更多的关注和倾听。

尽管追求地位、尊重地位是人类的共性，但对社会等级的看法和渴求存在着个体差异，在不同文化中社会平等的表现也大有不同。比如在澳大利亚北部地区的土著部落，社会结构就更加扁平。部落首领更像是民众的服务者和激励者，而不是公司高管，他们会精心安排会议，收集所有人的想法和意见，很少发号施令。在进行决策时，首领会提出自己的观点，对团队决策施加一定影响，并促进团队成员之间的交流与讨论，但不会刚愎自用、一意孤行，更不会将自己的利益置于他人利益之上。一旦这样做，首领就会面临部落成员的反抗和排斥。这和人类祖先在 1.3 万年前更新世时期的生活方式十分相似。随着农业的发展和大型部族的出现，团队领导工作的复杂性激增，人类社会这才赋予领导者们更多的权力和资源。

人们相信天赋与努力理应得到相应回报，因此普遍认为社会地位较高的人理应获得他拥有的一切。为解释这一现象，美国社会心理学家梅尔文·勒纳提出了"公正世界理论"，其核心假设是：人们生活在一个公正的世界里，所有人的地位和状态都是他们理应得到的，所以那些处于社会顶层的人理应享有较高的地位，以及相应的关注和尊重。用本书的话来说，他们理应成为更有影响力的沟通者。

"公正世界"的理念在婴幼儿时期就会形成。当孩子们稍具理解能力时，大人们就会灌输一系列社会规则：分享、排队、回馈和公平竞争。孩子们还会学到，只有努力工作才能得到回报。其实，孩子们早就凭直觉理解到了这些规则，外界信息只是在强化这一理解。

在 2012 年的一项研究中，研究人员找来了一组 19 个月大的婴儿，为他们播放了一部有两只木偶长颈鹿的动画片。在婴儿们观看时，研究人员会观察他们的目光注视时长，这是用来评估婴儿的期望和惊讶程度的常用方法。在第一段动画中，木偶长颈鹿们表演了一个节目并各自都得到一块饼干，婴儿们的平均注视时长为13.5秒。在第二段动画中，一只木偶长颈鹿得到两块饼干，另一只则什么都没有拿到，这次婴儿们的平均注视时间延长了6秒。这些还不到2岁的孩子惊讶地发现，尽管这两只长颈鹿都理应被奖励，但最终只有一只得到奖品，并且是所有奖品。即使对蹒跚学步的孩子来说，这也不是一个理想的世界！

另一项研究进一步扩展了这个实验。这次的研究对象是21个月大的婴儿。在他们观看的短片中，两个孩子正在玩耍，几分钟后一名成年人走进房间，告诉孩子们玩耍时间已经结束，并让他们收拾好玩具。在第一段短片中，两个孩子都听从了大人的话，一起完成整理工作，在第二段短片中，一个孩子做了所有的整理工作，另一个则偷懒躲在一旁。两段短片的结尾相同，两个孩子都得到了一张奖励贴纸。问题是，婴儿们会注意到第二段短片中的不公平吗？绝对会。当偷懒的孩子和勤劳的孩子获得相同的奖励时，婴儿们的平均注视时长延长了28秒。这两个实验告诉我们，人类凭直觉就知道"公平世界"的样子，这种能力似乎与生俱来。一般来说，我们更希望根据绩效来分配奖励，而不是不由分说的平等主义。也正因为这样，我们会认为那些地位更高的人理应得到关注和尊重。

也就是说，人们有能力对社会经济地位高的人进行细分。

众所周知，社会经济地位高的人同时也是理想的爱情伴侣，但他们获得财富的方式会影响到未来伴侣对他们的看法。在一项实验中，研究人员列举出几种财富来源，让男女实验参与者进行选择，例如，白手起家、继承遗产、中彩票、挪用公款，等等。几乎所有参与者都更偏爱白手起家的百万富翁，特别是女性。研究人员接着询问："你会选择哪种人作为长期伴侣？"结果，白手起家的百万富翁以压倒性分数战胜了彩票中奖者。客观地说，白手起家的富翁很可能拥有令人向往的、具有工具价值的性格和特质，例如，聪慧、果断、坚韧、有抱负，等等。这意味着他们可以是更好的长期伴侣，而不仅仅是有钱的伙伴。如果一位白手起家的富翁不幸失去所有资产，他也可以凭借这些性格东山再起，迅速恢复原有财富水平。所以在现实生活中，如果让你选一位富人来做传递信息的沟通者，你一定会选择那些通过自身勇气和努力成功的人，而不是那些通过运气或不法途径成功的人。

另外，如果沟通者获取社会经济地位的方式得不到认可，那么其信息影响力就会与地位脱钩。一旦某位沟通者获得了不应得的地位，他就会引人嫉妒，甚至被怨恨。人们会直接将他拉下来。

所以说，社会地位并不是固定不变的，它受到很多因素的影响。但从整体来看，等级制度对人们的影响很大，远远超越了前面说到的美好性格品质，虽然那些是财富与名气的最初来源。简单来说，社会地位高的人会成为非常强大的沟通者，会被认为在社会的各个领域都拥有强大的实力和可靠的价值。当然，这一推断毫无逻辑。

曾有研究者做过一次闯红灯实验，完美地证明了这一点。他让人分别穿着西装和牛仔服闯红灯，以验证他们的穿着打扮是否会影响行人的跟随行为。结果显示，穿西装的人有更多跟随者，比穿牛仔服的人多两倍。在两次行动中，被传递的信息完全相同，即现在过马路很安全，不同的是谁在传递信息。穿西装可能意味着这个人在商业界工作，也可能意味着他有获得晋升的能力，但与过马路是否安全毫无关系。然而，西装传递的地位信号足以让其他人相信，既然这个人能在某领域获得成功，那么他一定具备安全过马路的能力。

上述实验还有后续。研究人员让实验参与者观看一组不同男性和女性穿着不同服装（西装或各种休闲服装）的照片，同时记录参与者们的眼球活动情况。在最初的4秒里——也就是在实验参与者们的大脑有意识地处理所有照片之前，他们的眼睛飞快地瞟向穿着高档西装的男性。这意味着在我们进行理性思考之前，大脑就已启动自动认知程序，并最先关注和处理那些地位较高的沟通者所发出的信息。

影响力容易错位

一旦某位沟通者被认定在某个领域拥有较高的社会经济地位，人们就会推测他在其他完全不相干的领域也具有价值。知名人士传递的不实消息会产生巨大的负面影响，这种情况会发生在各种领域，并不罕见。

众所周知，名人拥有巨大的影响力，这一点在广告和营销界尤为明显。在过去的150年里，广告商一直通过名人来宣传自己的产品和服务。为了引诱广大消费者乖乖掏钱，营销人员会筛选出符合产品形象的名人，然后将昂贵产品免费提供给他们使用——讽刺的是，他们也是最不缺钱购买这些产品的人。对营销人员来说，名人就是大把利润的来源。大公司非常愿意在名人身上花钱，越来越多的名人广告就是最好的证据。

名人的影响力不仅仅局限于产品销售，他们还可以作为沟通者，为各类组织和机构传递信息，这些组织同样意识到，社会地位高的人拥有非凡的影响力。在美国，每年都有数十亿美元花费在名人代言上。据估计，大约25%的美国广告会出现名人的身影。在日本，这一数字大约在40%到70%之间。

名人能通过代言行为达到两个目的：首先是获得与其地位相匹配的关注度，其次是让民众看到并追随自己，利用自身的明星地位让合作品牌看起来熠熠生辉。不过，我们也会以不同的方式对待不同的名人。毕竟有些名人讨人喜欢，有些则惹人生厌。对营销人员来说，关键是要找出广告目标受众最喜欢的名人，然后将其与自己的商品和服务联系起来。如果随便找一个名人，哪怕这个人名气非常大，效果也会差很多。

需要注意的是，名人与广告之间的联系不是单向的，正面联系可以提升消费者对品牌的喜爱度，而负面联系则可以摧毁一个品牌。2011年，32岁的挪威人安德斯·贝林·布雷维克因枪杀多人被捕。在随后的媒体报道中，他经常穿着法国鳄鱼服装出镜。为避免负面联系，法国鳄鱼公司游说挪威警方，要求禁止布雷维克穿着鳄鱼品牌的衣服公开露面。法国《解放报》报道称："对法国最知名的服装公司来说，这种情况显然是一场噩梦。"

选择名人代言产品时，最重要的就是考虑一致性。要想提高体育用品的销量，肯定要找著名的体育明星来做代言人。当然，这并不是说产品和代言人必须精准匹配，但也绝对不能产生明显的不和谐，这一点十分重要。有趣的是，那些含蓄地支持一个品牌却不明确表达自己喜爱原因的名人，往往可以起到更好的广告效果，这就是为什么广告商常常把重点放在名人与产品的联系上，而不是卖点宣传上。名人代言产品的行为背后都有高昂的费用作为支撑，这已经不是秘密。但即便如此，人们也无法摆脱名人代言的影响，换句话说，当看到名人做广告时，大脑会在无意识中进行联想。为了利用这一点，名人们常常带着各种代言产品出现在社会活动中，比如在咖啡馆里品尝代言的咖啡、入住代言的连锁酒店，或者在体育赛事上痛饮"最喜爱的"啤酒。

当然，即使是地位很高的名人也无法逃脱失去影响力的命运。一旦某个名人辜负了公众期待，他的地位就会变得岌岌可危，甚至从云端直坠到地面，美国著名音乐人坎耶·韦斯特就是一个很好的例子。无论从哪个角度来看，韦斯特都是一位巨星：既是成功的说唱歌手，也是社交媒体上的重量级人物。他获得过21次格莱美奖，专辑销量超过3200万张。尽管如此，公众还是将他赶下了"神坛"。2015年，在全球著名的格拉斯顿伯里音乐节上，坎耶·韦斯特表演到一半时台下竟有人举起侮辱性的横幅。通常来说，人们都很敬佩和尊重有一定社会地位的人，那为什么没有人站出来制止这场闹剧，维护坎耶·韦斯特的声誉呢？如果有人对披头士乐队的保罗·麦卡特尼或滚石乐队做类似的事，肯定会有粉丝站出来反对，甚至大打出手。但没人在意对韦斯特的侮辱，这是为什么？

原因在于韦斯特屡屡做出打破名人世界规则的无礼行为。

名人世界的第一条规则是，当一位同行获得公众与评委的认可，并登上颁奖典礼舞台时，你必须优雅地接受这个结果。韦斯特则总是反其道而行之。当他的歌曲《触摸天空》落选

MTV 欧洲音乐奖最佳音乐短片奖时，他走上舞台宣称自己才应该是这个奖项的获得者。在 2009 年 MTV 音乐电视大奖的颁奖仪式上他也做过类似的事，当时泰勒·斯威夫特正登台领取最佳女歌手录影带奖，韦斯特无礼地走上舞台，声称碧昂丝的《单身女郎》才最应该获奖。

坎耶·韦斯特违反的第二条规则是，不应公开、过度地夸耀自己。在 2008 年接受采访时，他说："我意识到自己在历史上拥有的重要位置，我将作为这一代人的声音被记录下来，我将是最响亮的时代声音。"在接受《纽约时报》乔恩·卡拉马尼卡的采访时他甚至说自己不仅是世界级说唱歌手，还拥有超常的智力和能力。"我将成为一家价值数十亿美元公司的领导者，因为我已经找到答案。我理解文化。我就是文化的核心。"

韦斯特的这种行为可以从几个角度进行解读。首先，他十分自恋。自恋者的核心特征是：坚信自己十分特别，有资格获得特殊待遇。研究表明，在自恋测试中得分高的人往往会更积极地寻求机会来提升自己已经很高的社会地位。他们寻求对自己成就的过度认可，幻想着名誉和荣耀，并拥有很强的领导欲望，因为这可以增加外界对他们权力的感知。他们不太关心有示弱意味的性格品质，例如热情和谦逊。他们往往会做出一些唐突甚至无礼的行为，因此不太讨人喜欢。自恋者的性格似乎完全是为了提升自身社会经济地位而设计的。

但自恋并不足以招致如此深刻的敌意，人们对韦斯特的反感有更深层的原因。当一位沟通者违反了公共行为准则，或被认为无能、愚蠢、与其拥有的崇高地位不相匹配时，他以前享有的特权就会迅速消失。坎耶·韦斯特的自负与自恋让公众视他为笑话，因此他迅速失去原有地位。

这就是2015年6月格拉斯顿伯里音乐节带给韦斯特的教训。

具体情境，具体对待

请记住，社会经济地位只是社会地位[1]的一种。有些群体和文化推崇谦逊与慷慨的品质，并将地位赋予拥有这些品质的人，也有一些群体可能由于饱经战乱，所以更喜欢根据一个人的身体强壮程度来决定他的地位。由此可见，沟通者的地位受哪些因素影响，这是由社会的基础文化决定的。

再进一步看，地位是一个人在群体中的相对位置，其基础是外界对这个人的重视、关注和尊重程度，以及这个人对资源

1　社会地位分为先赋地位和自致地位两种。先赋地位是指个体凭借与生俱来的生物条件或社会属性所获得的社会地位，如本书提到的支配力和外表吸引力；自致地位是指个体在一定社会条件下凭借后天的努力和竞争所获取的社会地位，如本书提到的社会经济地位和能力。

分配、冲突解决和群体决策的影响力。前文中说到的那些名人之所以会受到高度尊重，是因为人们认为这种人拥有高超的技能和知识，能够控制重要的资源，具有影响他人付出和收益的巨大能力。在像超级碗[1]这样的比赛中，至少有一半的赞助商广告是由名人代言的，这肯定不是巧合。

在2011年超级碗广告中出现的明星是埃米纳姆。他没有出现在百思买、凯马特或者沃尔玛的广告中，毕竟他在这些商场里寸步难行。他代言的是新克莱斯勒200，这是一辆高档汽车，黑色、硬顶，还有黑色防窥视车窗。对富人和名人来说，开着这种车在城里转一圈，在不被认出的情况下保持知名度，真是再好不过了。

1　超级碗是美国国家橄榄球联盟的年度冠军赛，一般在每年1月最后一个周日或2月第一个周日举行，那一天被称为超级碗星期天。

第二章

专业能力

沟通者适时借助专业身份影响他人

除了社会经济地位，能帮助沟通者产生影响力的还有"可被感知的能力"。请注意，这里的关键词是"可被感知"。

　　人们十分愿意听从那些暗示自己是专家的人。下面这个案例告诉我们，只要面前的人是一位专家，那不管他的信息是否正确，听众们都会乖乖服从。

　　安全用药研究所（Institute for Safe Medication Practices）是一个以减少医疗事故数量为目标的非营利性组织。1975年，该机构下属的一份杂志开创了一个面对医生和药剂师的专栏，接收对医疗机构中所发生失误的匿名报告，以便全行业都能从中吸取教训。这个专栏虽不起眼，却涉猎广泛、值得信赖，深受专业人士们的欢迎，数年以来积攒了很多有警示意义的案例。随着投稿越来越多，编辑们决定把资料汇总起来，出版成书。

　　这本书名为《用药失误：原因及预防》，由研究所所长迈克尔·科恩和他的药剂师同事尼尔·戴维斯共同策划，于1981年出版，其后经过了多次修订和更新。这不仅表明书本身很有价值，也说明医疗行业确实存在着数量惊人的事故。

本书的最新一版有700多页，描述了一个又一个出现在处方、配药和管理方面的失误。其中有些类型的失误十分常见，比如医生给病人开错了药，这类错误后果严重，但也并非不可理喻，因为复杂的药品名称常常会让人混淆，哪怕训练有素的医务人员也是如此。安全用药研究所网站上有一个"易混淆药物清单"，包含了600多种药物。以拜迪克斯（Bidex）和韦迪克斯（Videx）为例，它们的名字读音很像，拼写也很像，但用途天差地别。拜迪克斯是一种祛痰药，用于治疗常见的呼吸疾病，如支气管炎或严重感冒；韦迪克斯则是核苷逆转录酶抑制剂，用于治疗艾滋病。很多医生笔记潦草，这是造成处方上药品名称错误的最常见原因。现在越来越多的医院使用电脑打印处方，这可以在很大程度上减少类似失误。不过对拜迪克斯和韦迪克斯来说仍然存在一定的失误风险，因为在标准键盘上字母 V 和 B 是紧邻的。其他常见的医疗失误还有：处方上的药物名称正确，服用剂量是错的；药物名称和服用剂量都正确，病人的名字是错的。

除了弄错药品名称、服用剂量和病人名字之外，还有第四种错误，科恩和戴维斯将其称为"错误的给药方式"——处方上的药物名称正确、剂量正确，也发到了正确病人的手中，但错误还是在具体的操作阶段发生了。

一篇题为"直肠耳痛"的文章描述了一个这类错误的典型案例。一位病人感觉右耳疼痛，经过一番检查，医生发现病人的内耳出现炎症，并给他开了一个疗程的消炎药水，整个过程中没有出现任何异常。不过，医生在书写"将药水滴入病人右耳"时，没有使用"右耳"的完整拼写"right ear"，而是使用了缩写"r.ear"。于是值班护士拿到处方后，要求病人侧过身，膝盖蜷缩到胸部，然后严格执行医嘱：向病人的直肠（rear）滴入三滴药水。

按理说，护士已经清楚地看到了病因和处方，这种错误完全说不通。然而护士从没想过质疑医生的指示，病人也没有询问护士这么做的原因。在这个案例里，信息本身已经变得无关紧要，它已被传递信息的人取代。正如著名的社会心理学家罗伯特·西奥迪尼在《影响力》一书中指出的那样："在许多情况下，如果一个合法权威已经发言，其他人的话语再有意义，也无关紧要了。"

这里还有两个案例，都是由于上司未能认识到自己对下属施加了过度的影响，而下属也因上司的专业技能而对其盲目服从，最终导致了灾难的发生。

1977年，荷兰皇家航空公司与泛美航空公司的飞机在特内里费岛机场的跑道上高速相撞。1982年，佛罗里达航空公司的飞机撞上了华盛顿特区波托马克河的第十四大桥。这两场灾难的发生，都是因为机长做出了错误的判断，而副机长未能修正这一错误。比如在佛罗里达航空公司的事故中，飞行员一开始未能激活引擎的防冰冻系统，再加上暴风雪带来的低温，导致飞机的压力比率指示器无法提供准确读数。尽管副机长好几次向机长示意仪表读数不准确，但机长并没有当回事，飞机艰难起飞后仅仅30秒就撞上了华盛顿特区的第十四大桥。同样，如果一名专业人士（比如护士）在看起来能力更强的专业人士（比如医生）面前没有提出合理质疑，就会出现比"直肠耳痛"更严重的医疗事故。

可被感知的能力足以掩盖对错误判断的质疑，也正因为如此，迈克尔·科恩和尼尔·戴维斯才搜集到了多达700页的医疗失误案例。

如果一名沟通者在他人眼里具有专业能力，那么他就具有强大的工具价值。换句话说，人们就会认为他拥有可以帮助别人实现目标的经验、知识和技能，以及将这些传递下去的能力（即所谓的"文化传承"）。因此，这类沟通者在社会中的作用至关重要。当然，为了应对生活中的各种困难与挑战，我们可以自行学习多个领域的专业知识。但显然，听从专业人士要明智得多，也容易得多。我们需要农民、水管工、机械师、医生、会计师，他们可以在寻常人不了解的领域提供帮助。正如2000年前的罗马诗人维吉尔所说，我们应该"信任专家"。

当一个人有自行决策的动力和能力，并获得了足够的相关信息时，他对专家的需要程度就会降低。但生活中的很多决策都非常困难，为了得出正确结论，我们必须投入大量的物质和精神资源——花费时间进行思考、提出相关问题、比较不同选项、计算可能结果，等等。面对繁杂、艰难的决策过程，最简单的选择就是向看起来有专业知识和能力的人寻求帮助，这样可以为自己节省下大量的物质和精神投入。

一个简单的实验证明了这一点。研究人员将实验参与者分为两组，要求他们进行一系列复杂的财务决策，同时使用核磁共振成像仪对其大脑进行扫描，观察大脑血液流量的变化。不同的是，一组人需要在没有任何外界帮助的情况下，自己进行计算和决策，扫描显示他们大脑中与概率、加权等计算活动相关的区域，其活动量大幅增加。另一组人可以向一位金融专家寻求建议，这些参与者的大脑活动量就少了很多，尤其是负责计算的区域。最后，这一组中的大部分参与者都采纳了专家的建议。夸张点儿说，他们的大脑已经停止运转，专家代替他们完成了所有工作。

随着互联网的蓬勃发展，现代生活为我们提供了海量的数字内容，消耗着我们有限的注意力，让我们很难去关注那些普通但重要的事物。在这种情况下，求助于具备"可被感知的能力"的专家无疑是最佳选择。但如果一项任务不那么困难，并且我们不知道自己咨询的人是一名专家，那我们就会过度依赖自己的能力，这一现象被称为"自我中心折扣"（egocentric discounting）。

同样，这里的关键词还是"可被感知"。在信息超载的快节奏世界中，我们很少有时间和资源去调查沟通者专业技能的真实性，以及这些技能与要解决的问题之间有多少相关性。我们不得不求助于那些看上去有能力的人，否则就会浪费本可以用在其他事情上的宝贵时间和资源。

现在，越来越多的人声称自己是"专家"，并希望以此引起公众的注意，那么我们又是如何判断一个人"看上去有能力"的呢？

答案是：寻找那些最能体现出专家特性的元素。

人靠衣装

与上一章提到的社会经济地位类似，衣着打扮也可以传递出一个非常强烈的信号——眼前之人有很强的专业能力。

著名心理学家斯坦利·米尔格拉姆的电击实验就证明了这

一点：仅仅因为一名耶鲁大学科学家下达了电击命令，实验参与者就可以忽略另一组人的痛苦呼喊，给对方身体施加高达450伏特的电压。实际上，所有求助和哭喊声都是事先安排好的，没有任何人真的遭受了痛苦，但实验结果还是令米尔格拉姆等科学界人士吃惊不已。

电击实验的目的是探寻人类做出如此可怕事情的原因，比如研究人员的白大褂和名牌大学头衔到底能产生多少影响。科学期刊和大众媒体都对这一实验进行了广泛报道。随后，心理学家们还进行了另一个极其相似的实验。新实验被安排在市中心一座破旧的写字楼中，实验参与者被告知，这项研究的主办方不是大学实验室，而是一家商业研究公司。实验环境和主办方身份的改变让实验结果大不相同，面对市场研究人员的命令，实验参与者施加电击的意愿大大降低，行动次数也相应减少。请注意，这两次实验本身传递的信息没有改变，改变的只有传递信息的沟通者。这些实验向我们证实了科学家白大褂的巨大影响力。

能产生影响力的不仅有特定的衣着，还有特定的工具。例如，如果医生在看诊时脖子上挂着听诊器，那么病人就更可能记住医嘱。其实，医生是否使用听诊器与做出的诊断结果并无关系，病人只是通过医生是否携带了这件特定工具来判断其专业能力的强弱。

类似情况也出现在很多大公司的接待室，那里的墙面上总是悬挂着一排时钟，显示世界各国首都的时间。悬挂这些时钟并不是为了实用，想想看，一位进入纽约办公室的普通访客不太可能急需知道雅加达或中国香港的时间。这样做是为了向访客传达一条重要信息：我们公司拥有举足轻重的全球影响力。与听诊器相同，时钟的主要作用是显示专业能力，计时功能反而是次要的。看到这些时钟，访客们就知道，这是一家知道自己在做什么的公司。

　　当高管们在办公区走动时，手里拿着的文件夹和"重要文件"也起到了相同作用。很多人观察到，有些高管去饮水间和卫生间时也会带着一沓纸张。其实，那些纸可能与具体工作并无关系，高管们只是想要对他人强调自己在公司里的重要地位，手里的"文件"是达成这一效果的最简单道具。经典美剧《老友记》中有这样一幕，钱德勒下班回到家中，举起公文包向朋友们喊道："你们知道吗，我一年前就忘了这个公文包的密码，我只是带着它四处乱走。"很明显，钱德勒意识到要通过这种方式来展示自己的工具价值和地位。

　　时钟、制服和职业工具（医生的听诊器、商务精英的公文包、维修工人的面包车和工具箱）并不是提高沟通者能力感知度的唯一信号，能力也是"有头有脸"的。

把"能力"写在脸上

当人们捕获表情信号时，联想到的大多是情感。例如，如果一个人露出真诚的微笑——具体表现为眼睑闭起、眼角出现笑纹——就说明他正处于快乐或幸福的情感中。生气时的表情也很容易辨认：眼睛凸出，眉毛压低，嘴唇紧闭。恐惧也是一种常见的情感，主要表现是瞪大双眼、张大嘴巴，如果实际情况并没有那么可怕，那么这种表情就会显得滑稽有趣。简而言之，人脸提供了可供观察的丰富信息。其实，能从人脸上观察到的不仅是情感，我们甚至还可以根据相貌来评估一个人的能力。

通过计算机建模技术，研究人员得出结论：具备优秀能力的人，其面相看起来更成熟、更有吸引力。一般人的脸是圆圆的，而能力优秀的人颧骨更高，下巴更有棱角，眉毛和眼睛之间的距离更短。这些判断标准对男性和女性都适用。

为什么人们会通过相貌来推断一个人的能力呢？有观点认为，人在年幼时通过观察得知，长相成熟的成年人比脸型圆润的青少年拥有更强的能力，随着不断成长，这一刻板印象就慢慢固定在脑海中，并被用来判断一个人能力的高低。但是，这些以相貌为基础的能力评估常常会导致误判，并造成相当严重的后果。

有研究人员进行了这样的实验：让参与者查看50位公司

CEO（首席执行官）的照片，然后对其能力进行评估。这些人一半来自财富1000强企业中排名前25位的公司，另一半则来自排名最后25位的公司。结果，那些被实验参与者们认为最有能力的人，往往也领导着最赚钱、最成功的企业；而被判定为能力较差的人，领导的公司大多也位居末流。无论是男性CEO还是女性CEO，实验结果没有差别。这就提出了一个有趣的问题：这些人之所以能够成为CEO，是因为他们德才配位，还是因为他们"看上去"德才配位？人们很容易相信，一些表现不太出彩的人能够上位全是凭借相貌。当然，这些CEO们可以辩称，如果自己只是"看上去"能够胜任工作，那肯定无法长期坚持下去。但这又引出一个问题：是不是有一些拥有足够潜力的人，仅仅因为相貌问题而无法获得应有的成功呢？

仅仅凭借相貌，就能做出"谁可以成为高层领导者"的判断。这种"如果一个人看起来很能干，那么他一定很能干"的想法会一直徘徊在大脑中，时刻影响着我们的判断和行为。

能力与自信相辅相成

从直觉上看，能力优秀的人通常更有自信。其实这二者的因果关系也可以反转过来：一个人可以在没有任何证据证明自己专业能力的情况下，依靠展示自信让他人认可自己的能力。信心是一个人对自己技艺和知识储备的笃信程度，表露自信实际上是在传达一种信号：我是专业的，我传递的信息是正确的。如果没有不利情况发生（比如在展示自信时有意采取误导行为），那么听众常常会相信一位沟通者的外表，并以此为基础，给他传递的信息增加权重。

我们可以通过"保罗胡斯过度自信问卷"（Paulhus Over-Claiming Questionnaire，简称 OCQ 问卷）来分析这一现象。研究人员要求受访者评估自己对一些词条的了解程度，包括历史人物、社会名人、品牌名称、社会时事等，其中大部分词条是真实的，偶尔混杂着几条实际并不存在的内容。但在面对这些杜撰的内容时，有些受访者却声称自己有所了解，这就是典型的过度自信。测试结果显示，不少受访者都夸大了自己的知识水平。

值得注意的是，这种夸大也会影响到周围人。在没有否定证据的情况下，一个人信心满满的状态会让别人认为他肯定知道自己在说什么。一旦被认定既有自信又有能力，这个人就会得到更高的地位，从而产生更大的影响力。所以，尤其是在集体讨论刚开始时，一定要小心那些侃侃而谈的人，他们的自信言行可以提高自己在群体中的地位，进而让自己的想法产生更大的影响力。要知道，这些想法可能是好的，也可能是坏的。

人类总是希望能同时获得信心和能力，所以在推选团队领导者时会同时考虑这两个因素。我们希望那些社会顶层人士永远信心满满，期待他们可以安全引导大众度过动荡和危机。缺乏自信的领导者会给人一种软弱的印象，常常被认为无能、毫无吸引力、随时可以被替代，在很多领域都是如此。同样，沟通者们也必须坚定且自信，这样才能有效传递自己的想法和意见。当然有人对此持相反观点，认为过度自信会掩盖一个人想象力的缺失，蒙蔽他的双眼，让他偏离成功的正确道路。这种想法固然正确，但听众永远是疑心重重的，所以沟通者只要展露出哪怕一丝的不自信，也会立刻失去支持。正因为如此，很多沟通者在与人交流时，重点展示的是对自己想法的坚定信心，而不是这个想法本身。听众们则会将沟通者的自信当作能力的象征，进而更加相信他说的话；尤其是在并不确定这位沟通者的专业技能是否过硬，或者不知道该如何正确地思考和行动时，更是如此。

那么，一位沟通者只要永远以自信的姿态传递信息，就一定能获得成功吗？并非如此。如果自信言论被证实是错误的，那么声誉就会迅速受到损害，可信度和影响力也会相应减弱。所以，沟通者应该依据具体情况来决定是否要表达自信：如果认为自己的想法具有价值，但还没有引起他人注意，或者想要暂时消除环境中的不确定性因素，就需要展露出更多的自信，以此赢得听众们的支持，首次创业就属于这种情况；如果已经建立起良好声誉并获得一定影响力，信息的准确性更重要，那就最好不要虚张声势、夸大言辞，因为在这种情况下，过度自信带来的收益非常低，且一旦被听众发现错误，损失会相当大。因此，在提出新的建议和想法时，沟通者们应该谨慎选择自己的姿态。

沟通者们也可以通过暗示自己信息的不可靠性，来获取人们对自己的支持。2010年有研究者发现，当一位专家对自己的见解表示出轻微质疑时，听众们反而会更加坚定地相信他，尤其在要解决的问题并没有客观、明确、单一的答案时更是如此。这一现象背后的原理是：当一位公认的、有能力的沟通者传达不确定信息时，听众往往会认为正因他对自己的研究分析有足够信心，才能承认其中的不确定性，所以他是可靠的。

自我推销的悖论

本章中提到的所有信号——服装、工具、特定技能、专业知识、以往成就、自信——既可以单独使用，也可以组合使用，它们都能有效地为"可被感知的能力"背书。但在使用时也要有所节制，如果操之过急，反而会惹人反感，甚至被抵制。不管是沟通者本人还是听众都有一种发自内心的想法——释放这些信号时应该通过低调、隐秘的方式，而不是公然自夸。

优秀的沟通者会在不经意间恰当地提及自己的能力和特质，比如讲述一两件亲身经历，不仅能提高交流的趣味性，还可以表明自己当前的工作职责以及曾获得的成就。也有人会用一种叫作"谦虚型自夸"的特殊策略来表达自己的能力，即在自嘲的掩护下进行自我吹捧："那天我真是太蠢了，居然忘记了定闹钟，差一点儿错过和总理大臣的会面。"这种策略与名人乘坐黑色高档轿车四处走动十分相似，能以较为隐蔽的方式彰显知名度。然而这也是一种危险的策略，会让人看起来很不真诚。更糟糕的是，还会让沟通者变得不那么讨喜。使用这种方式的人虽然展示了自己的能力，却也降低了听众对他的热情和信任。

直接自夸同样危险。前言中提到的德意志银行次贷交易员格雷格·利普曼，那个曾在金融危机前成功说服许多投资者做空次贷市场的人，就是一个很好的例子。据说，他曾厚颜无耻地四处游说，向投资者们炫耀自己如何做空次贷市场，如何赚得盆满钵满。他还会在与潜在客户交谈时说一个数字区间，声称自己的工资数额就在这个区间内，并请客户猜测准确数字，不管客户如何回答，利普曼都会告诉他，猜测出的数字离他真正应得的奖励相去甚远。面对利普曼的浮夸表现，有些人认为他值得钦佩和信任，另一些人则厌恶、不相信他。据悉，一位在工作上与利普曼近距离打过交道的人称他为"一个名叫格雷格·利普曼的混球"。

利普曼与尖端伙伴对冲基金（FrontPoint Partners LLC，隶属于摩根斯坦利旗下）有合作关系。这家公司对次贷市场的看法与利普曼完全一致，所以通常都很认可他，可就连他们也怀疑利普曼在推销产品时私下做了手脚。《大空头》的作者迈克尔·刘易斯描述了尖端伙伴公司对利普曼诚信方面的忧虑：他们曾用突然袭击的办法，连续三次将利普曼召回办公室，让他重述自己的观点，希望这会让他多多少少出些差错，暴露出一些问题。据说在一次特别会议上，尖端伙伴公司的一位高管直视着利普曼的眼睛，直截了当地说道："格雷格，千万别往心里去，但我一定要弄清楚，你究竟想要怎么搞我们？"看来，利普曼不断进行的自我吹捧让尖端伙伴公司认为他是个彻头彻尾的骗子，他反而得费力证明自己的清白。

前文说到，人们会根据沟通者的外表来决定是否相信他，那为什么像利普曼这样拥有完美外表的沟通者以谦虚型自夸或极度自信的姿态传递信息时，人们会充满疑虑呢？我们已经看到信心可以成为能力的替代品，发挥巨大力量。那么一名沟通者越自信，我们就越相信他吗？事情没有这么简单。的确，人类天生就倾向于听从那些拥有更高社会经济地位的人，或者那些把自己打扮成专家的人，然而谦逊也是非常宝贵的品质，以自负姿态提高自身地位往往适得其反，甚至还会破坏人际关系。

沟通者可以通过宣扬自身能力获得巨大优势，但是公开进行自我推销也会带来负面影响。

有一种方法可以帮助沟通者避开自我推销的困境，那就是将自我从推销中移除。斯坦福大学商学院教授杰弗瑞·菲佛、克里斯蒂娜·方、罗伯特·西奥迪尼和丽贝卡·波特诺伊的研究表明，当第三方对一位沟通者进行积极评价时，人们不会认为这是沟通者的自我推销。乍一看这并不令人意外，毕竟我们都接受过来自第三方的建议或背书。然而有趣的是，即使知道第三方与沟通者有利益联系，立场并不公正，人们还是会欣然接受其做出的评价。信息接收者似乎并不善于发现隐藏在第三方信息中的利益纠葛，而是以表面状态为基础，无条件地接受所有信息。换句话说，人们会对当事人的自我推销冷嘲热讽，却不能发现通过第三方进行的自我推销。

在了解到这些研究后不久，本书作者之一受邀对房地产和物业管理行业进行相关研究——而这是一次将斯坦福大学商学院的研究成果应用到现实生活中的机会。

如今，房地产行业的从业者们正面临着严峻挑战，因为大多数中介公司都高度同质化：提供类似的服务，收取类似的费用，带给用户类似的消费体验。无论哪家公司的地产经纪人，能提供的信息都极其相似。

在这种情况下，如果客户通过第三方来了解某位地产经纪人的能力，结果会怎么样呢？

想要出售房屋的潜在客户与房地产销售公司联系时，接触的第一个对象通常是前台接待员。接待员会大致了解客户咨询的内容，然后将电话转给负责该业务的同事。这一步骤只需几秒钟的时间，接待员通常不会提及接手同事的专业能力和经验。

在笔者的建议下，一家被调研的公司对工作流程进行了小小调整。在转接电话前，接待员会先向客户介绍即将接手业务的同事，描述其专业能力："您想要出售房产是吗？我现在给您转接到销售部经理彼得那里。彼得有20年本地区的房地产销售经验，您要想咨询出售建议，他绝对是最佳人选。"这样做的效果立竿见影，该公司签订并完成的合同数量提升了高达15%。

需要注意的是，接待员对同事的介绍必须是真实的。彼得确实是部门销售主管，也有几十年的房地产从业经验。但如果让彼得自己把这些信息告诉客户，那他的形象反而会受损，客户会认为这是自负而不是能力的体现。这是一个经典的悖论，硬型特质为沟通者带来的优势往往会被其劣势盖过。但是，安排第三方来介绍沟通者的能力就可以巧妙地避开这一悖论。尽管接待员根本不能被视为公正的第三方，但这并不重要。就像将滴耳液滴入病人直肠的护士一样，房地产中介公司的客户并不关心接待员给出的具体信息。他们的关注点只有一个——接待员如何评价同事的工作。

在现实生活中，通过第三方进行的自我推销并不少见。这种策略有一个非常吸引人的特点——在大多数情况下是没有成本的。

潜力 VS 成就

尝试第三方介绍策略时很可能面临一个巨大难题：如果这位沟通者真的缺乏经验，无可介绍，那又该怎么办呢？要介绍一位从业数十年、成功完成无数次销售的专业人士并不是什么难事，可要介绍一位没有经验的新手就不那么容易了。不过新手也并不是毫无优势，在某些情况下，一个拥有潜力的新人，可以胜过一个拥有丰富成功经验和强大能力的老手。

在体育界，有很多毫无经验的运动员都签下了数百万美元的合约。同样，很多年轻的艺术家和音乐家也备受瞩目，被认为必将成为大明星，拥有远大前程。很多人可能认为这些都是特例，没有普遍性。斯坦福大学的扎卡里·托玛拉、杰森·贾和哈佛大学商学院的迈克尔·诺顿合作进行的研究表明，潜力常常可以胜过成就。在一项实验中，他们向招聘人员提供了两名候选人的信息，这两个人的背景、能力十分相似，都申请了同一家大公司财务部门的同一个高级职位。唯一的区别是，一名候选人有两年的相关工作经验，在领导力成就测试中得分很高，而另一名候选人没有相关工作经验，但在领导力潜力测试中得分更高。最终，招聘人员认为有潜力的候选人比有经验的候选人更有吸引力。

从时间维度上说，成就是已经过去的东西，是历史。而人们的注意力都放在未来，放在寻找下一个解决方案上，此时潜力就成了最关键的因素。此外，潜力带来的不确定性反而会激发人们更大的兴趣。

一项针对社交媒体的研究也得到相似结果。脸书（Facebook）曾向用户推送了一系列电视剧预告片，主角是一位喜剧演员。一半用户看到的预告片展示了主人公的潜力："评论家说他可能成为下一个大明星，到明年这个时候，他就是人们谈论的焦点。"另一半用户看到的预告片则展示了主人公的现状："评论家说他注定成为大明星，现在他已经是人们谈论的焦点了。"两相比较，看到"潜力版"预告片的用户对这部电视剧表现出了更大的兴趣（以点击率来衡量）和更高的喜爱度（以预告片页面上的点赞数来衡量）。

即使评价的对象不是沟通者本人，而是其传递的信息，这种偏爱潜能的倾向也十分明显。在一项研究中，研究人员向实验参与者展示了两位艺术家的作品，并告知他们其中一位艺术家拥有巨大潜力，另一位艺术家已经获得巨大成功，然后让他们评价自己对这两位艺术家作品的喜爱程度。结果显示，参与者们更偏爱拥有巨大潜力的艺术家的作品。从逻辑上讲，艺术作品是静态的，不会随着时间而改变，因此人们的评价应该建立在当下状态的基础上。但是，"拥有巨大潜力的艺术家可能会创作出更伟大作品"的这种观念已经深入人心，足以扭曲人们的判断。

这种倾向不仅体现在个人身上，也表现在对企业的判断上。2017年4月，金融媒体纷纷报道特斯拉的市值已经比通用汽车高出10亿美元的消息。但是请注意这样三个事实：首先，通用汽车自1908年成立以来一直在生产汽车，换句话说，比特斯拉的汽车生产史长了一个世纪；其次，2017年第一季度特斯拉仅售出2.5万辆汽车，而通用汽车的销量为230万辆；最后，尽管特斯拉的市值高于通用汽车，但在成立后的15年时间里，特斯拉只有两个季度实现了盈利。

可以说，特斯拉的表现与其股价之间存在着巨大偏差，难怪分析师沃尔特·莫斯伯格说："这是千万个股市估值无法反映真实情况的案例之一。"莫斯伯格是正确的，人们总是会高估事物的潜力。

能力的"信号"

无论是通过相貌、他人介绍、自身潜力、自信姿态还是职位头衔，一位沟通者发出的能力信号都会极大地影响他人。想想本章中的那些案例，1977年荷兰皇家航空公司与泛美航空公司的空难，1982年华盛顿特区的佛罗里达航空公司空难，即使感觉不对也不敢对荒唐医嘱提出质疑的护士……在所有这些情况下，影响结果的都是人而不是信息，因为地位较低的人会毫无保留地服从地位较高的人所发出的指令。

需要说明的是，虽然能力和地位常常同时出现，但有能力的沟通者并不一定要拥有高于听众的地位才能产生影响。不过，地位和能力这两股强大力量确实可以轻而易举地将信息本身排挤出去。迈克尔·科恩和尼尔·戴维斯收集的700多页医疗错误案例就是最好的证明。

有能力的沟通者不需要高于他人，他们的可信度来自其高超的技能、过人的智慧和丰富的经验，或者说人们对这些特质的感知。他们有影响力，是因为人们尊重其才能，将其视为知识和信息的来源。有能力的沟通者只会向听众们传达信息，从不要求听众们服从自己。那些急于让听众服从自己的是另一类型的沟通者，他们的工具是支配力。

第三章

支配力

影响力能够由气场和信服感产生

我们都认为，一个成熟社会应该对领导者抱有正向的期待，比如风度翩翩、善于合作、虚怀若谷，有化敌为友的能力，而不是恃强凌弱。我们也有理由相信，在现代社会中那些只想控制、支配他人的人不会得到任何拥护和支持。

但现实往往令人悲哀：占据支配地位或展现出支配力的沟通者，往往可以有效地让他人感知到自己的地位，并因此获得更大优势。

支配力可以做什么

选择使用硬实力的沟通者都要先确定自己的地位，这样人们才会接受其传递的信息。与社会经济地位和能力相同，支配力也是获得地位的途径之一。不同的是，社会经济地位和能力都处于一个连续的状态，强和弱是相对的，而支配力则更加二元化和绝对化，非有即无。

支配力通常会与一种明显、单一的结果联系在一起。打个比方，在遗传学中，基因的某一种形式或变体（又称等位基因）要么是显性的，要么是隐性的。例如在豌豆中，两个显性基因（R等位基因）会产生饱圆粒豌豆，而两个隐性基因（r等位基因）则会产生皱粒豌豆。然而，当一个显性基因与一个隐性基因配对时，依然会产生出圆粒豌豆。在豌豆基因中，R是完全显性的，占支配地位，而r是完全隐性的，居于顺从地位，结果是R等位基因获胜。这就是零和博弈：一方赢，另一方输。

人际关系也是如此。虽然人类社会结构复杂，但相当一部分的人际关系可以归为支配及顺从关系，因此出现了领导者和追随者。我们可以将"社会支配力"定义为一个人在群体中的等级，这种等级的基础是战胜他人的能力。当一个人坚持自身主张、争取自身利益时，他就获得了支配力。这样做可能是为了赢得某场比赛、霸占某样东西，或者确保自己的声音最响亮、最持久。支配型沟通者的中心目标就是战胜他人。

体育运动是支配力表现最明显的领域。当一个人或一支团队以令人信服的方式击败对手，那就相当于支配了对手。20世纪70年代至80年代的利物浦足球俱乐部，20世纪90年代迈克尔·乔丹领导的芝加哥公牛队，21世纪头10年的网球大师罗杰·费德勒，还有橄榄球领域六次夺得超级碗冠军的新英格兰爱国者队，都是如此。当胜负分明，无论是在胜利者还是在旁观者眼中，失败者的地位都下降了。

支配不仅仅是一种行为结果，也是一种性格特征。如果一个人喜欢参加竞争性活动，在生活中一意坚持自己的主张，在任何情况下都渴望掌握控制权，我们就会认为他具有支配型人格。这种人信奉的理念是："胜利比游戏过程更重要。"具有支配型人格的人更好斗，更关心如何获取更多利益，如何持续支配他人，很难感同身受地关心他人。如果所有目标都可以通过牺牲他人来实现，那对他们来说就再好不过了。在现实生活中，如果看到在某领域占支配地位的沟通者做出礼貌、友好的行为，我们就会降低对其支配力的评估。支配型沟通者意志坚定，对权力十分执着，是坚定的非平等主义者，认为某些群体就应该凌驾于其他群体之上。

一些人格分析工具将具有这些特征的人称为"D型人格"，即支配（dominant）、命令（demanding）、直接（direct）、果断（decisive）。

天生的支配力侦测机制

作为地位等级的一种形式，社会支配力在很久以前就演化出一项重要功能——鼓励不同等级间的合作，这可以避免不必要的社会冲突及资源损耗。社会支配力也是非人灵长类动物获得地位的主要途径，恒河猴就是一个很好的例子。恒河猴也被称为旧世界猴，是一种聪明、好奇、富有魅力的动物，生活在印度、巴基斯坦和阿富汗等国人口稠密城市的周边。它们以植物的根茎、坚果、种子、树皮和谷物为食，十分喜欢汁液丰富的水果。

恒河猴是一种高度社会化、等级森严的动物。在一项研究中，研究人员将一群口渴的雄性恒河猴分开，然后依次将它们带到显示有两张照片的大屏幕前。猴子们很快了解到，看向不同的照片，就会得到不同数量的果汁奖励：如果看向左边的普通照片，就会得到一大口美味的果汁；如果看向右边猴王的照片，获得果汁的机会就会大大减少。问题是：它们愿意为了看一眼猴王的照片，而付出少喝很多果汁的高昂代价吗？

实验结果是，雄恒河猴愿意为了观看更具支配力、地位更高的雄猴的照片而放弃果汁，但如果想要它们观看比自己等级低的雄性的照片，研究人员必须提供超量的果汁。换句话说，恒河猴会将自己与照片中的猴子进行地位比对，并以此为基础付出代价或要求回报。当然，这种固有行为模式并不只发生在恒河猴身上，它们的"表亲"——人类也没什么不同：小孩子也常常为了观看自己喜欢的动画片或明星表演而拒绝落座就餐，这与恒河猴的表现如出一辙。

人类和猴子用来适应环境的认知机制非常相似。这种机制可以让我们的共同祖先有选择地获取最重要的社会成员的信息，还可以帮助我们做出正确的决定。例如，居于从属地位的黑猩猩可以随时观察群体中占支配地位的成员是否注意到食物的藏匿地点，以此判断将食物安全取回的时机，如果处于支配地位的黑猩猩不知道食物藏在哪里，从属地位的黑猩猩就更有可能取回属于自己的食物。这种思维策略可以让它们避免冲突、受伤和食物被夺。

这种支配与从属关系所演化出的认知与反应，已经深深扎根于人类心中，哪怕是10个月大的孩子都能分辨出支配与从属关系。在一组研究中，研究人员给几十名10个月大的孩子播放了两段动画短片。第一段短片的主角是两个几何图形，其中一个是棕色三角形，有一对大眼睛和一个小纽扣鼻，它走进一栋小房子，坐在里面并露出高兴的表情。此时另一个主角——有眼睛有鼻子的蓝色圆形——出场，它试图将三角形推出房子。虽然三角形不断抗争，但霸道的圆形最终获得胜利。然后研究人员继续播放第二段短片。这一次，棕色三角形和蓝色圆形不断跑来跑去，收集从天空中落下的各种物品。当天空中只剩下最后一个物品时，三角形和圆形不可避免地挤到一起。于是这两个图形决定一决胜负，就像旧时代英国绅士们的荣誉决斗那样。最后，两种不同的结局出现在了孩子们面前。在第一个结局中，先前占支配地位的蓝色圆形获得了最后一个物品，棕色三角形认输放弃。在第二个结局中，先前处于从属地位的三角形占据优势并最终获得物品，而先前占支配地位的圆形则认输放弃。

本书第一章中提到过一种利用注视时间长短来衡量婴儿惊讶程度的方法。研究人员发现，看到第二个结局的孩子，其平均注视时间远远长于看到第一个结局的孩子。这些年幼的孩子不仅能够记住不同角色的支配与从属地位，甚至还可以利用这些信息合理推测出冲突的结果，这让研究人员们惊叹不已。不仅如此，另一组研究表明，婴儿还能对不同人的相对优势进行传递性推断。例如，看到 A 在比赛中战胜了 B，B 又在类似比赛中战胜了 C，那么 10 个月大的婴儿也能推断出 A 可以在比赛中战胜 C。斯坦福大学的学者伊丽莎白·恩赖特通过相同的研究方法观察到：当看到居于支配地位和从属地位的二人共享资源时，婴儿会感到十分惊讶。

很明显，在生命最早期人类已经产生出一种固有期待：胜者获得所有战利品。作为人类，我们天生就知道支配力的存在，并将其作为社会活动的重要线索，给予它更多关注和肯定。因此，占据支配地位的人往往也是一名优秀、高效的沟通者，这并不让人意外。

掌握非语言的支配力信号

我们常常把支配力与某些性格联系在一起：自信，可能带点傲慢，甚至有些咄咄逼人。不得不承认的是，这些性格特征非常吸引人。有证据表明，在各大交友软件上，那些喜欢展现自己开放、支配姿态照片的男性，往往要比那些表现得不那么开放、看起来比较温顺的男生更受欢迎。

人们在相互交流时通常会采用互补的身体姿势。占据支配地位的人喜欢伸展四肢，并使用更开放的手势，这会让他的身体占据更多空间。为了显示自己的支配地位，有些人甚至会将四肢伸展到桌椅上，这种情况并不罕见。很多管理者都喜欢摆出一副强硬姿态，使用盛气凌人的肢体语言。他们会把想要说服的对象逼到角落里，尽可能近地靠近对方，双眼时而圆睁时而眯起，眉毛也不断上下挑动。据说这一系列行为可以让对方陷入一种近乎被催眠的状态，感到无比震撼和无助，这就是典型的支配型肢体语言。而顺从型人士的表现正相反，他们会交叉双腿，身体收缩，让自己看起来更温顺。

人们会在无意识中表现出对这些信号的强烈敏感。研究表明，仅靠观察两名员工在工作场所交谈的照片，人们就能准确判断出二人职位的高低。甚至连3岁的孩子都有这种能力。通过观察年龄、身体姿势、眼睛注视方向、头部倾斜角度等信息，他们就能迅速识别出"谁说了算"。

支配或顺从姿势体现了内心情感：支配姿势表达了骄傲感，而顺从姿势则体现出害羞感。英国作家C.S.刘易斯在《返璞归真》一书中指出："骄傲的人不会从拥有某样东西中获得快乐，只会从比别人拥有更多东西中获得快乐。"从本质上说，刘易斯认为骄傲是一种竞争性情感。进化论者十分赞同这一观点，认为"骄傲"和它的反义词"羞愧"在某种程度上已经可以表示一个人的相对社会地位。支配性格的黑猩猩在击败对手后会挺起胸膛、昂起下巴，采用开放的身体姿势表达胜利，人类也会表现出相同行为。羞愧的个体恰恰相反，给人的感觉是更加顺从——头低着，肩膀下垂，胸部收缩。与其他灵长类动物一样，人类的骄傲和羞愧可以十分容易地被观察到，并且这些情感的肢体反应似乎是与生俱来的。

心理学家杰西卡·特蕾西和大卫·松本进行了一组有趣的研究，主题是柔道运动员的赛后肢体语言。一位运动员是成功还是失败，旁观者一目了然——胜利者站姿挺拔、体态舒展，脸上带着一丝自豪的微笑；失败者会低着头，肩膀下垂，一副无精打采的样子。

怎么能确定这些反应是天生的，而不是后天习得的呢？有人会说，这些柔道运动员肯定看过其他人胜利和失败的样子，他们的反应只是对前人的模仿。但特蕾西和松本的研究表明情况并非如此，因为他们的研究对象都是天生失明的视障者，这些人从未见过其他人胜利或失败时的身体姿态，不可能通过观察进行模仿，他们的反应都是与生俱来的。

观众们对骄傲姿态的反应也是天生的。当看到骄傲的姿态时，我们的大脑几乎不需要有意识的思考，就会迅速把它与支配力和地位联系起来，研究人员通过内隐联想测试证明了这一点。内隐联想测试是心理学家用来衡量不同概念之间关联强度的一种常用测试。测试参与者需要观看一系列表情照片，例如骄傲、惊讶、恐惧、羞耻、快乐等，并在观看照片的同时对一系列表示高地位和低地位的词汇进行区别分类，比如命令、支配、重要、声望，以及卑微、次要、顺从和软弱。研究人员发现，当两个信息具有相同属性（比如展现骄傲的照片和"命令"这个词）时，参与者可以轻松、快速、准确地对这二者进行分类。但当信息属性不一致（比如展现骄傲的照片和"软弱"这个词）时，参与者不得不强迫大脑克服自然产生的联想，然后才能正确地分类。这就好像大脑在想着揉肚子，手却在拍脑袋。重要的是，这一现象不只出现在西方文化中，研究人员在斐济也获得了相同的实验结果。所以说，一旦某人表现出骄傲的情感，其他人就会推定他具有支配性社会地位。

骄傲有两种截然不同的情况。一种是因为成功而流露出的真实骄傲，这是通过努力获得的，比如一位奥运选手经过多年不懈的训练，终于赢得了金牌。另一种是傲慢的骄傲，它源于自恋和膨胀的自我观。傲慢者自以为赢得了权力，但其他人并不这么看。真实的骄傲会带来真正的自尊，而傲慢的骄傲则会让人产生高人一等的错觉，从而变得更加自私，产生攻击、强迫和操控他人等行为。尽管真实的骄傲和傲慢的骄傲有着巨大差异，但在旁观者看来，它们的表现几乎是一样的。从本质上讲，它们的确是情感上的同卵双胞胎。虽然外在表现十分相似，但人们凭直觉可以察觉它们发出的不同信号。我们能够敏锐地感觉到，一名沟通者是因为自己的成功感到自豪，还是单纯感觉自己比别人更优越。当然，我们也会根据自己的判断调整自身反应。

曾有实验证明了这一点。研究人员让一组学生通过网络视频向观众发表演说，然后提取他们的唾液并检测皮质醇（一种因压力而释放的激素）水平。在演说过程中，学生们会随机看到三种微笑中的一种：赞许的微笑，表示演讲者做得很好；友好的微笑，表示善意与鼓励；傲慢、充满支配感的微笑，表明微笑者感觉自己凌驾在演讲者之上。这些微笑是事先录制好的，学生们并不知情。根据皮质醇检测，与看到友好和赞许微笑的演讲者对比，那些看到傲慢微笑的演讲者的压力水平大幅升高，大概半小时后才回落到正常水平。如果你在看到某人的微笑后感到紧张和压力，那么很可能这个微笑隐含着傲慢和盛气凌人的态度。

展示支配地位的不仅仅是姿态和肢体语言，还有相貌，而且这种相貌的评价标准在不同社会文化中都很常见。与一般相貌相比，支配型相貌的下巴更宽，眉毛更浓厚突出，鼻子更大，脸型也更方（宽高比更大），例如西尔维斯特·史泰龙、贝比·鲁斯和维尼·琼斯[1]。当然这些相貌特征与支配力强弱没有必然联系，但是研究表明，人们通常认为一个人脸型越方，其支配力也越强。支配型相貌特征不是人们随机挑选的，来自不同社会文化背景的人，都可以根据相貌准确推断出一个人的身体力量是否强大，甚至可以通过男性面部的宽高比来预测其攻击性的强弱。例如，加拿大研究人员发现，专业冰球运动员的面部宽

1　西尔维斯特·史泰龙（Sylvester Stallone），美国演员，以《洛奇》和《第一滴血》两个动作电影系列成为20世纪80年代好莱坞动作明星的代表。贝比·鲁斯（Babe Ruth），美国职业棒球运动员，在2005年美国在线（AOL）发起的"最伟大的美国人"票选活动中荣获第14名。维尼·琼斯（Vinnie Jones），英国演员、前职业足球运动员，出演过《两杆老烟枪》《偷拐抢骗》《X战警3》《金蝉脱壳》等电影。

高比，与其在比赛中过激行为导致的罚球失分成正比。同样，根据面部宽高比也可以有效预测格斗比赛的胜率。在商业活动中，面部宽高比超过平均值的销售人员更成功。研究显示，与长脸及圆脸的男性相比，那些方脸、下巴棱角分明的男士，会更加积极地为自己争取签约奖金。

人类在年幼时就理解了这些相貌特征。在一项实验中，哈佛大学和普林斯顿大学的研究人员让数百名3岁至4岁的儿童观看了一组经过数字处理的人脸照片，然后询问他们一系列问题，例如"这些人当中哪一个最难沟通"或者"这些人中谁最好说话"。毫无例外，孩子们认为支配型相貌（脸部宽高比较大、脸型较方）的人更刻薄，圆脸（脸部宽高比较小）的人更友善，他们的判断准确率接近90%。邀请年龄较大的儿童和成年人进行相同的实验，结果也是一样的，这说明即使长大，人们也会继续使用这一方式进行评判。

可以展示支配力的身体特征还有很多，比如身高。在原始社会，身体力量是生存的基础，所以身高也可以影响人们对支配力的感知，这种联系如此根深蒂固，甚至延伸到了不再那么看重身体力量的现代社会。例如，在其他条件相同的情况下，个子较高的领导职位候选人往往比个子较矮的候选人更容易当选。当然也有例外，例如拿破仑、丘吉尔等人，他们都是反常规的存在。

即使在日常生活中，身高优势也会带来更强大的支配力。荷兰的一组心理学家对此进行了研究，他们找了一家入口很窄、只能容纳一人通过的超市，在入口旁的墙壁上画了一些粉笔标记以判断通行者的身高。研究人员注意到，当两个人同时接近出入口、必须有人做出让步时，矮个子向高个子让步的概率高达67%，这是观察1000多对购物者后得出的结果，而且不分男女皆是如此。当然也有人提出异议，或许向高个子屈服是荷兰的一种文化习俗。然而在另一项研究中，研究人员给10个月大的婴儿播放了一段短片，短片中两个角色在狭窄的地方相遇。当矮个子的角色让步、高个子的角色优先通过时，婴儿的目光中没有流露出一丝惊讶。

不会说话的婴儿似乎也明白，高大的身材意味着更强的支配力。这一实验结果证实了人类会在内心中将"身体强大"和"优先通行"联系在一起。这种心态会伴随一生，影响我们做出的所有重要决定。例如在选择商业领袖时，我们更偏爱高个子，认为个子高、看起来更强壮的人更有能力阻止团队成员的出格举动，在代表团队谈判时也会更加自信、果决。心理学家亚伦·卢卡斯泽夫斯基进行过一项实验，他向实验参与者展示了一组咨询业男性员工的照片，照片中所有人都穿着相似的衣服，脸上都戴着面具。实验结果是，参与者们对高个子男人的评价更好，认为他们能力更强、地位更高、更能代表团队，并预测他们会晋升到更高职位。

这种对高个子的偏爱根深蒂固，甚至会影响经济收入。在2004年的一项著名研究中，蒂莫西·贾奇和丹尼尔·凯布尔在排除年龄、性别和体重等干扰因素后发现，高个子的人确实能比矮个子同事赚更多钱。研究人员甚至将身高和收入之间的关系进行了量化：身高每增加1英寸，年收入就会增加728美元至897美元。两位研究人员还发现，虽然男性通常比女性挣得多，但是高个子女性也会比矮个子同事（无论男女）挣得多。这一研究有力地表明，身高对两性收入的影响是相似的。

让语音自带支配力

支配信号不仅存在于视觉方面，还存在于听觉方面。简而言之，人们倾向于将强大的支配力与较低、较放松的声音联系在一起。原因之一是，尖锐的声音往往散发出痛苦、恐惧和焦虑的信号，在信息接受者看来这些都是地位不高的表现，而低沉的声音则会给人自信、果断的印象。此外还有一些生理上的原因，一个大而粗的喉头发出低沉声音，不仅意味着说话的人可能身材高大，还表明他体内的睾丸激素水平很高，而睾丸激素水平高意味着身体更加强壮、支配力也更强。这条规则既适用于男性，也适用于女性。声音低沉的女性也会被认为拥有更强大的支配力。

就连特蕾莎·梅和玛格丽特·撒切尔这两位英国史上的女首相，都曾为了能够发出低沉、稳定的声音而向专家求助过。英国著名演员、导演劳伦斯·奥利弗为撒切尔夫人提供过相关培训，地点就在伦敦国家剧院。1975年保守党大会的听证环节，当上一位演讲者还在讲话时，撒切尔夫人就拿出一个蓝色鸡毛掸开始清理讲台。随后她开始发言，不是用天生的高音，而是经过训练后洪亮的低音。她这样做是为了营造巨大的反差——声音尖锐的家庭主妇形象（当时有很多人这么看待她）与自信、有远见的政客形象。不得不说这一举动效果显著，有些人认为，这次表现是她成为英国首位女首相的关键因素之一。

各种研究都证明了低沉声音的巨大影响力。在一项实验中，研究人员先是要求实验参与者倾听一组男性的演讲（有的声音经过数字调整被升高或降低了音调），然后问他们会将票投给谁。七成参与者把票投给了声音较低的候选人，但在听过同一个人同一演讲的高音调版本后却没有投票。哈佛大学毕业的学者凯西·克洛夫斯塔德也进行过一项有趣的实验，他让一位男性和一位女性分别使用高声调和低声调重复同一句话："我十分希望你能在今年11月投票给我。"不出所料，实验证明不管听到男声还是女声，所有参与者都更偏爱低音。除了声音的高低，语气也十分重要。有些人说话时，句尾音调习惯性上扬，这会让陈述句带有疑问的语气。支配型沟通者几乎不会这样讲话，而是使用下降的音调。这样一来，听众会将其传递的信息当作事实来接纳。

支配力的其他表现形式

在前面讲过，声音高低也与支配力相关，因此我们可以接受相应的语音训练并采用适当的讲话技巧。此外，声音也可以通过数字技术进行调整，例如在动作电影中，绑匪的声音通常会经过数字化处理，听起来更慢、更低沉。而语速快、音调高的绑匪，也很少会使用威胁手段来维护其支配地位。

颜色也能表现支配力特征。比如，红色是至高权力的象征，网站的红色背景比蓝色背景更能激发浏览者的支配心态，引导他们在网络拍卖中更积极地参与竞拍、出更高的价格。实验证明，红色也可以影响体育比赛的结果。《自然》杂志2005年的一篇论文指出，在拳击、跆拳道、古典式摔跤等一对一奥运项目中，无论是预赛还是决赛，无论是哪一体重等级，穿红色比赛服的参赛者胜率更高。当然，只有当比赛双方实力旗鼓相当时，红色才会产生显著影响。

进化论者们曾假设，在皮肤上刺青或绘制花纹可以增强人体的抵抗力，从而让一个人在他人眼中显得更具支配力。在一项研究中，2500名脸书用户观看了9名赤裸上身的男性照片——这些人的面部表情和姿势都是中性的。研究人员通过数字技术，在其中一些人的胳膊上加了黑色文身。所有参与实验的脸书用户，不管是男性还是女性，都认为带文身的人更加阳刚、健康和好斗，也更具支配力和吸引力。

各种支配行为

支配型人格的人往往更加自私、自恋，不愿为他人牺牲。有证据表明，这些人在最亲近的人面前也会我行我素。支配型人格的人面对另一半的要求时很少会让步，对伴侣使用攻击性语言的可能性也更大。性格温和的人可能会认为，如果迎合支配型伴侣的要求，就可以逐渐软化对方，进而在亲密关系中获得更大影响力。然而，这基本是不可能的。在一段关系中，只要存在支配力不均衡的情况，那就一定是支配型人格的一方决定一切，支配力较低的一方会被对方的情绪和观点深深影响。有人说，随着时间的推移，夫妻双方会越来越相似。这是真的，但隐藏在这一现象背后的真相是：支配力较低的伴侣做出了绝大部分的让步，他们会调整自己、向着对方一步步靠拢。如果支配型人格的人认为某人的地位低于自己，那么他很少会做出互惠型让步或者利益交换。

支配地位可以通过正式的、结构化的社会机制来实现。与其他动物不同，人类有一些特有的等级制度维持方式。大猩猩不会申请升职，也不会签订新的劳动合同，但人类必须在程序和制度的约束下参与竞争、获取权力。人们认为这种对资源的控制方式要比侵略和战争更加文明。当然，这并不是说二者的结果会有很大不同。

人和其他动物一样，天生都会服从社会地位和支配力。还记得斯坦利·米尔格拉姆如何让一个普通人向另一个普通人施加强力电击的吗？只因一名穿着白大褂的科学家发出了命令。再回想一下，米尔格拉姆如何降低了这种顺从性？方法是移除能力的信号（科学家头衔和白大褂）。但是，移除能力的信号并不足以完全中和地位权力的巨大影响，在移除科学家头衔和白大褂后，仍然有接近50%的人服从了研究人员的要求。

社会心理学家伦纳德·比克曼的研究证明，即使没有能力信号，地位权力也会产生影响。比克曼的研究过程和结果与米尔格拉姆的实验相似，只是把科学家头衔和白大褂换成了制服，也就是说，把能力信号换成了支配力信号。比克曼让变装后的研究人员随机拦下路人并要求他们做一件小事，例如捡起刚刚丢弃的垃圾，站在公共汽车站的特定位置等车，或者是借给研究人员一枚硬币。整个实验过程中，沟通者本人和所传递的信息都没有变化，唯一改变的只有沟通者的穿着。研究人员有时穿着普通的休闲服装，有时穿着制服，甚至还穿过送奶工的工作服。在研究前的调研中，大部分参与者表示请求者的衣着对自己毫无影响。但是比克曼的研究结果显示情况完全相反：面对穿制服和普通便服的陌生人，愿意将零钱借给前者的路人是后者的两倍。这就是因为制服向路人们传递了支配信号。

想象一下，你在一家大型药企工作，研究医学最前沿的药品和疗法。现在你们研究出了一款新药，疗效非常棒，但是副作用也很大，使用风险很高。在这种情况下，你是否支持将这款药投入市场？犹他大学商业伦理学教授亚瑟·布瑞夫表示，这个问题的核心看似是道德伦理，实际上是看处于支配地位的公司领导者持有何种态度。当被告知"董事会主席表示会采取一切必要的法律、政治手段确保这款药的销售"时，只有33%的受访者表示自己会在董事会上投票召回这款药。当被告知"董事会主席十分担心该款药物对使用者造成的身体影响，支持召回该药品"时，76%的人表示自己会投票召回。

支配型高管往往是公司丑闻的始作俑者。2007年，著名药企普渡制药公司的三名高管——总裁、首席律师和前医疗主任——承认在止痛药奥施康定的成瘾性问题上误导监管机构、医生和病人。他们采取了一系列支配性策略，比如让营销人员绘制虚假的药效图表并分发给医生，以至于一些评论家将这一事件与大型烟草公司隐瞒抽烟健康风险的丑恶历史相提并论。2014年，金融业也发生了一件类似丑闻，多家银行的高管们合谋操纵伦敦银行同业拆借利率[1]。随后，对这起丑闻的调查揭示了高管们的巨大影响力。这些人以典型的支配型手段精心策划了这一行动，为了提高自己的地位和收入，迫使级别较低的同事输入错误数据。调查人员在彻查提交者和高级交易员之间的互动时记录下了这样一句话："好吧，把一切都交给我，不会有问题的。"这是一个典型案例：在承受来自上级的压力时，下级员工很可能会采取与自身道德观相反的行动。尽管各行各业都有规章制度和监管机构，但仍无法消除这一问题。

人类是否习惯于服从支配

有些人仅仅因为声音更响亮、身体更强壮，就可以获得更多关注和权益，这种想法让绝大多数人感到愤怒。人们更愿意

1　银行同业拆借利率指的是银行同业之间的短期资金借贷利率，其变动会对银行收益产生影响。

相信，现代社会中的所有声音都会被听到，那些怀有最好想法的人最终会胜出。然而，不管是在家庭、社区、学校还是工作场所，获得最多关注的经常是那些声音最响亮的人，而不是那些讲话最有道理的人。我们不愿意承认身为高等动物的人类有一种服从他人支配意志的天性，因为这会破坏生为文明人的自豪感。我们不愿意想象自己顺从他人支配的可能性，因为这在降低自身地位的同时提高了他人的地位，没有人想成为别人的猎物。

社会心理学家罗伯特·西奥迪尼的一项早期研究阐述了这种服从天性带来的巧妙影响。支配型人格的人喜欢别人顺从自己，并认为顺从自己的人智力水平更高。所以说，如果一名学生打电话给教授请求推延论文的交稿时间，那么他最好采取顺从姿态而不是支配姿态。另外，一旦发现某人做出了顺从行为，人们就会严苛地评判他并降低对他的社会地位评级。所以，如果一名学生想要维护自己在他人心目中的地位，那么他在同学面前向教授请求延期时，就需要做出一些强势的表情和手势。西奥迪尼指出，大多数人都非常理解上述情况，并会采取相应措施以免自己表现得过于软弱。

人们在公开场合和私下的表现往往大不相同。很多人可能不愿意公开承认自己支持一名支配型沟通者，但最后还是会投这个人一票，因为投票行为是私下进行的。更讽刺的是，在做出这种表里不一的行动后，我们还会告诉自己，这只不过是遵循了一个所有人都心知肚明的道理而已。你看，虽然人们不愿承认自己受到支配力的影响，但这并没有降低支配型沟通者的影响力。恰恰相反，这种拒绝承认的心理反而让支配型沟通者们通行无阻。

正是刻意的无视造成了支配力的极端表现——霸凌，这种现象一直存在于人类历史中。霸凌的最原始状态就存在于学校的孩子们中，本书作者之一的史蒂夫·马丁曾经历过长达两年的校园霸凌。一开始，这只是一个有很多男孩参加的、无害的混战游戏。可接下来"战况"不断升级，发生的频率越来越高，对抗越来越激烈，行为也越来越有针对性。很快，一小部分男孩发现自己受到了"特别关照"，一直被其他人包围和攻击。仅仅一个课间，霸凌行为就会从口头侮辱升级到身体攻击，这意味着受害者必须忍受更多疼痛和嘲笑。有时候攻击还会演变为偷窃，偷作业本、足球贴纸，甚至午餐钱。最终，史蒂夫·马丁被迫采取了顺从型灵长类动物所特有的行为——尽可能避开群体中占支配地位的成员，寻找安全地点存储食物并进食。他会躲到学校图书馆或者将食物藏进保安室的柜子里，以保全自己的午餐。

这类经历对许多人来说既熟悉又恐惧。令人沮丧的是，人们对霸凌的很多看法都是错误的。早期研究霸凌行为的学者认为，霸凌者缺乏调节自己情绪的能力，也就是说社交能力很差，所以受到挑衅时才会表现出更强的侵略性和攻击性。然而最新研究表明，霸凌者们并不是粗野的笨蛋，他们很有策略性，以霸凌作为建立支配地位的工具。有证据表明，霸凌者普遍都很受欢迎，常常是"班上最酷的孩子"。另外，霸凌行为并不像某些研究认为的那样是霸凌者遭受虐待后的发泄，而是一种以获得利益为目的、仔细挑选目标后的针对性行为。霸凌者想要得到支配地位和随之而来的权益——地位的提高和影响力的扩大。还有一种大众最为接受的解释——霸凌之所以存在，是因为受害者的软弱而不是加害者的强大。但这种解释并不能洗刷霸凌的错误。

最容易成为校园霸凌目标的往往都是那些顺从、不自信、不善交际的孩子。对霸凌者来说，受害者往往是缺乏支配力的"安全目标"。可悲的是，霸凌受害者也常常会把被欺凌归因于自己的性格弱点。有不少受害者表示，被霸凌是因为自己软弱。因此，在霸凌受害者身上出现了一个恶性循环：被霸凌的遭遇会导致抑郁和焦虑，而抑郁和焦虑的表现反而会招致更严重的霸凌。或许可以这样理解：霸凌是一种能提高社会支配地位的手段和策略，具有一定的吸引力。从本质上讲，支配力和道德之间存在着成本收益上的权衡问题，尤其是在以支配力为等级制度基础的环境中。已有研究证实，霸凌者有一种强烈的控制和被认同需求，或许他们真的可以从受害者身上获取更多收益，并减少自身损失。

当然，霸凌绝不是青少年们提升自身社会地位的唯一方式。学者马克·范·里津和安东尼·佩莱格里尼认为，那些"不曾有过霸凌行为就获得了较高地位"的青少年更受欢迎。这些人会通过强烈的社交欲望、高超的沟通技巧，以及积极的社交活动来提升自己的社会地位，换句话说，他们努力让自己变得更受欢迎而不是更有支配力，并以此获得地位。他们没有敌意、不赞成霸凌行为、情商高，并且善于利用社会行为提升自己的社会地位，是具有支配型人格的霸凌者最大的对手。

我们应该支持学校采取更好的方式，比如设定一个以声望为基础的等级制度，以鼓励青少年的成长。在这种等级制度下，支配型的沟通者依旧会受到重视，但不一定继续受到欢迎。由于缺乏人际联系，他们的地位可能会上升得很慢。支配型沟通者的统治工具是恐惧而不是爱，统治手段是力量而不是声望。诚然，不能断言支配性格和友善特质的矛盾大到不可调和，但二者间的矛盾的确产生了一个难题：一个人既要通过自身的支配力获得更大影响力，又要维持自身的亲和力，这是很难做到的。为了证实这一点，笔者在同事中做了个调研："你认为哪些公众人物既具有强大的支配力，同时还很讨喜？"结果，他们连可以讨论的提名者都无法找出。

对支配力的需求

在21世纪的今天，我们真的希望企业领导者们充满支配力吗？答案要视情况而定。在稳定、和平的时期，友善的人往往会受到重视；而在充满冲突的动荡时期，人们感到焦虑、不安和恐惧，会更希望跟随一名具有强大支配力的领导者，并认为这样的人更有能力做出艰难的决策，可以应对危机、果断行动、强制他人遵从群体规则和价值观。

还有一个影响人们选择的因素，就是所谓的"个人成功假说"：人们往往更关注候选者的个人表现，而不是在团队中的表现。在现实世界中，领导者时常需要向其他人或机构寻求帮助与合作。但人们往往会忽视这一点，而是认为一个人的成功完全取决于他自己的天赋和能力。有的人在某个领域取得了支配地位，人们就认为他同样适合其他领域的职位，即使这两个领域之间毫无关系。很多世界级运动明星常常在退役后被任命为管理者就是这个道理，尽管他们作为球员支配球场的技能，与激励、管理球队的技能完全不同。一项对德国甲级联赛职业足球队的研究发现，那些由前足球巨星担任主教练的球队，其成绩往往要比其他球队差。

内维尔·张伯伦和温斯顿·丘吉尔的经历就告诉我们，不同的领导风格适合不同的形势。

20世纪30年代，张伯伦是一位非常成功的财政大臣。随后他担任英国首相，在执政初期也深受民众爱戴。在外交方面，他虽然误判了纳粹德国的野心，但由于表面上避免了战争，还是得到了很多支持。反观丘吉尔，他在20世纪20年代担任财政大臣，人们公认其工作成绩非常糟糕，他的许多观点也都被认为过分好战、充满了沙文主义思想。

然而当战争一触即发时，公众的支持从一向温和的张伯伦转向了好斗的丘吉尔。在与希特勒打交道时，张伯伦误解了支配游戏的规则，错误地相信谈判与合作的效力，没有采取更强硬的行动。相比之下，丘吉尔展现出的力量与自信吸引了那些正经历困苦与动荡的人们。1939年9月1日，希特勒入侵波兰，一系列事件最终导致张伯伦辞去首相一职。第二年，丘吉尔以强大的支配力和坚定的反抗精神接过了指挥棒，率领人们为了自由和生存而战。

这是一个令人难忘的教训。当面对侵略者时，以合作和绥靖为中心的战略往往会适得其反。博弈论专家们指出：一定要灵活、恰当地使用合作-抗衡策略——只有当另一方合作时才采用合作策略，当另一方采取激进行为时要立刻反击。但这种"以直报怨"的策略还是具有一定局限性，如果双方都不肯让步，最终会出现恶性结果。因此，我们必须根据特定情况来调整对支配力的依赖程度，听从谁、信任谁、追随谁，都要视具体环境和因素而定。

想象一下，你生活在一个偏远的小型原始部落中，和邻近部落因为狩猎场地重叠引发了冲突，局势日益紧张。不久后你们得到消息，邻近部落很快会发起一场突袭。这时有人给你看了两张人物照片，并让你投票给其中一人率领大家渡过难关。其实这两张照片里的是同一个人，只是其中一张经过了"支配力化"的图形处理：方形下巴，相貌凶恶，一脸傲慢，面部宽高比很大。那么，你会将票投给谁？

再想象一下，你的部落面临的不是战争，而是洪水。在这种情况下你会选择谁？是看上去更有支配力的领导人，还是看起来更可能鼓励合作、说服人们一起修建大坝的领导人？

丹麦研究人员发现，人们普遍会根据当前环境和面对的威胁来选择领导人——如果面临的是动荡时刻，就会选择看起来更具支配力的领导人；如果面对的是需要团队合作的紧急情况，则会选择看起来不那么强势的领导人。而且研究表明，无论你属于哪种文化背景，使用的策略都完全相同。

比如，董事会成员对首席执行官的选择就会受到公司当前业绩状况的影响。如果公司表现良好、股价和市场份额稳定、员工心理安全感很高，那么董事会就更加青睐在自利、自恋等支配力相关指标上得分较低的领导者。如果公司运营出现困难、股价下跌、市场份额下降、员工压力很大，那么在支配力相关指标上得分较高的候选人会受到更多青睐。支配型领导者似乎在充满冲突、竞争和不确定性的环境中做得特别好。

然而，当需要搭建合作的桥梁时，自私和自恋行为会拖垮整个团队。美国作家拉尔夫·英格索尔在研究温斯顿·丘吉尔的生平时指出，"二战"结束后，英国进入了一个对丘吉尔执政风格不利的复苏时代。"没有人觉得他会在战后成为首相，他只是在正确时间做了正确工作的正确人选，那是英国陷入绝望战争的时刻。"当大环境需要和平时，一味主张强硬政策的领导者就变得不合时宜了。

环境可以显著改变人们对支配型人格的社会价值认知，例如，美国土著部落会根据战争或和平状态选择不同的酋长。作家、研究员莱斯利·泽布罗维茨观察到，在经济困难时期，人们更偏爱那些外表成熟、相貌硬朗的女演员，但在繁荣时期则更偏爱那些相貌可爱的人。

第四章

外貌

根据沟通场景，塑造外表形象

在开始本章内容之前，笔者想先强调一下：吸引力并不仅仅局限于外表，热情的性格和善意有礼的举止都会产生吸引力。不过这些属于沟通者的软型特质，本书的后半部分将会讨论这个问题。

外表吸引力会对人们的很多决策产生影响。在商业世界中，几乎所有的健身和生活类杂志都会请健康、漂亮的模特拍封面照片，网站也会将经过美化的靓丽模特形象，或含蓄或直接地与某产品联系在一起，以说服消费者购买，因为这些形象能让消费者将广告商品与美丽、健康联系在一起。

有时候，人们甚至会在看似与外表吸引力毫无关联的领域受到其影响。以金融领域为例，在进行金融决策时（比如决定是否向某家贷款公司借钱），人们认为自己只关心与贷款相关的因素，比如利率、价格弹性、各公司的贷款合同条款等，但芝加哥布斯商学院的研究人员对贷款决策影响因素的研究发现事实并非如此，比如广告方式就会起到一定作用。

根据人类心理学及新古典主义经济学观点，广告方式与金融毫无关系，本不应该对人们的思维过程产生影响。为了进行实地研究，研究人员与南非一家消费信贷公司合作，挑选了5.3万名曾经接受过该公司广告资料的客户并发送了新的报价广告邮件。但这5.3万人收到的邮件并不相同，有些邮件带有漂亮模特图片，有些邮件提供了非常诱人的利率，有些二者皆有，有些二者皆无，所有组合都是随机的。过了一段时间，研究人员与该金融公司进行核实，了解不同类型邮件带来的客户关注度。当然，他们最想知道的是，与更低的贷款利率相比，广告邮件中的靓丽女性照片能产生多强的影响力。答案是：非常强。当促销信息旁出现漂亮女士的照片时，潜在客户的接受率会变得更高。当然，这一点对女性客户无效，她们太精明了。研究人员估计，对男性而言，一张靓丽女性照片最多可以媲美降低25%利率的效果。

外表吸引力的标准

人类可以在200毫秒内对外表吸引力做出判断。不管是男性还是女性、成人还是青少年，不管来自哪种文化背景，人们对具有吸引力的外表特征有着广泛共识。

这种共识甚至开始于婴幼儿时期。得克萨斯大学教务长、吸引力研究领域知名专家朱迪思·朗格洛伊斯表示，两三个月大的婴儿就能分辨出一张脸漂亮与否。在一项研究中，研究人员准备了不同的照片，照片中的所有人都没有表情，头发全部是深色的。研究人员以一组两张（一张"漂亮"，一张"不漂亮"，均以成年人的标准认定）的方式将照片展示给婴儿观看，同时测量婴儿观看照片的时长。他们发现，即使是两个月大的婴儿，注视"漂亮"照片的时间也要远长于注视"不漂亮"照片的时间。

在另一项研究中，朗格洛伊斯通过一项名为"积极情感气氛"的指标来评估婴儿的反应，具体方法是观察婴儿的微笑和移动方向，以此衡量他们对目标的反应积极与否。她发现，哪怕是仅仅1岁大的孩子，也会对漂亮的陌生人或洋娃娃做出更积极的反应，退缩和害怕的程度也更低。

反过来，成人对婴儿的反应也是如此。在可爱（强吸引力）和不那么可爱（弱吸引力）的婴儿照片之间，成人会对可爱的婴儿表露出更多情感。值得注意的是，这种情况也会发生在父母身上。一项对初生婴儿进食和游戏活动的观察研究发现，与漂亮宝宝的母亲相比，不漂亮宝宝的母亲为孩子提供的更像是日常护理，而不是亲昵互动。她们投注在孩子身上的情感更少，与房间里其他成年人的互动更多。

可以说，漂亮的婴儿就是最优秀的沟通者。广告商们没有漏掉这一点，他们将可爱婴儿形象应用在了几乎所有类型产品的广告中，甚至包括碳酸饮料。2018年，网络上一张来自20世纪50年代《生活》杂志的广告图片引起了热议，图片中一个可爱的小婴儿抱着一瓶喜力啤酒畅饮。很快有人指出这张图片是假的，原版广告中小婴儿喝的不是啤酒，而是碳酸饮料。当然，这幅广告的内容是否合适有待商榷，但不可否认的是，漂亮的婴儿有一种强大的吸引力。

在大数据研究的基础上，现在我们对"什么样的相貌具有吸引力"这个问题已经有了大致了解。外表吸引力有三大关键点，前两点是年轻和面部对称，这毫不令人意外，有趣的是第三个关键点——普通。普通意味着普遍，普遍意味着熟悉，熟悉的面孔意味着更强的吸引力，因为它很可能与我们认识、喜欢的人相像。

人类对于熟悉的事物有强烈偏爱，所以无论去哪里，都更喜欢寻找与自己相似的人。科学研究也证明了这一点：将陌生人的照片进行数字修改，使其更接近实验参与者的外貌，那么实验参与者就会更喜欢这个人。还有研究发现，人们更愿意与和自己吸引力相当、社会经济地位相符的伴侣生活、结婚，这种模式被称为"选型婚配"。虽然我们常说"异类相吸",但现实生活中最普遍的还是"同类相聚",有相同羽毛的鸟总会聚在一起。

然而,一模一样的同类也不会愿意聚在一起。人们确实会被和自己相像的人吸引,但也必须要有一定差异度。挪威研究人员通过数字手段对实验参与者伴侣的脸部照片进行不同程度的调整,使其更接近实验参与者,然后让参与者本人评估照片的吸引力程度。最后发现,当相似性达到22%时,吸引力程度达到顶峰;当相似性达到33%时,实验参与者就不再觉得这张脸有吸引力。顺便说一句,第三方观察者们都认为具有22%相似性的照片"毫无吸引力"。

外表吸引力的影响

在工作和职业发展中,外表吸引力有巨大影响。在其他条件相同的情况下,吸引力强的人可以更快、更好地找到第一份工作,获得晋升的可能性也更大,这意味着他们在职业发展的轨道上会快人一步,获得的薪水也会更多。就算与相貌普通的同事拥有相同的工作经验、潜力和职业操守,他们也能够获得更多利益,这种现象又被称为"颜值溢价"。

据美国著名经济学家丹尼尔·哈默梅什研究，"颜值溢价"可以带来高达10%至15%的额外年收入。与外表吸引力强的男性相比，相貌低于平均水平的男性在整个职业生涯中的收入平均要少25万美元。

问题是，人类的外表吸引力偏见根深蒂固，外貌在很多方面都受到了过度关注。

意大利的一些研究人员向数个行业的多家雇主投递了超过1.1万份简历，有些简历附带了求职者的照片，有些则没有。而雇主们的回应证实了研究人员的预测：带有漂亮照片的简历被回应的概率比不带照片的简历要高出20%，回应率最低的是相貌平平求职者的简历。此外，外表吸引力强的男性求职者和女性求职者得到回应的概率是相同的，但是对相貌平平者来说就不一样了：雇主对相貌平平男性的回应率有26%，对女性只有7%。在阿根廷和以色列的研究也得到了类似的结果。一次综合了27项研究结果的整合分析发现，无论是在学术还是专业环境中，外表吸引力都会对工作结果产生影响，且该影响与工作部门或员工的级别无关。发表在《公共经济学杂志》上的一项研究报告称，在其他条件相同的情况下，吸引力强的候选人可以比吸引力弱的对手多获得20%的选票。

善用外表吸引力

首先，良好的装扮可以起到很大作用。法国消费心理学家尼古拉斯·盖根和他的同事们发现，与不化妆的女服务员相比，化了妆的女服务员从男食客那里得到的小费平均要高出26%。着装也会影响人们对吸引力的看法。前一章中提到，在其他条件相同的情况下，穿红衣的运动员比穿蓝衣的运动员更容易获胜。在现实生活中，红色衣服也能提升人们对吸引力的感知，尤其是女性。研究表明，穿红色上衣的女性请求搭顺风车时更容易成功，在餐厅里，用餐者会给穿红色T恤、涂亮色口红的女服务员更多小费。在这些情况下，不管穿不穿红色，涂不涂亮色口红，传递的信息都是相同的——"我要搭便车"和"谢谢你的小费"，不同的只是沟通者的外在表现。

不过，外貌的影响力只是暂时的。一项对医生处方的跟踪调查显示，漂亮的推销员一开始确实能获得更多订单，但随着互动次数的增加，其吸引力光环会逐渐消退，药品销量也会随之减少。我们不得不承认，吸引力强的沟通者更容易开发新客户资源，但这并不意味着他们一直能留住客户。

做好表情管理也是增强外表吸引力的重要方面。很多公司都提倡员工在工作期间尽可能多地微笑，比如美国连锁超市西夫韦。该企业把微笑服务作为"卓越服务政策"的具体内容之一，鼓励员工与顾客进行目光接触，尽可能称呼顾客姓名，陪伴"迷路"的顾客寻找特定商品，最重要的是要热情地微笑。为了确保员工们做到这些，公司招募了大批"神秘顾客"来给员工打分。表现好的员工会获得丰厚奖励，表现不佳的员工将被送去西夫韦的"微笑学校"学习。微笑行动受到了绝大部分顾客的好评，但也产生了一些意想不到的后果。据《华盛顿邮报》报道，一些顾客过度解读了服务人员的友善行为，很多女性员工抱怨称男性顾客会将微笑误解为挑逗。西夫韦没有理会女性员工的抗议，坚持推行这一服务方式，最终导致5名女员工对该公司提出歧视指控。"我们不能容忍对员工的骚扰，"西夫韦发言人说，"但不幸的是，顾客也是人，他们也会有出格的举动。"

从硬实力到软实力

在20世纪20年代至30年代，西联公司面临着一场重大危机。当时美国各地大规模铺设电话线路，这对西联的传统电报业务产生了破坏性影响。广播和电视的兴起，也威胁到了该公司此前盈利颇丰、广受欢迎的上门营销服务，比如雇用男孩上门递送广告传单和样品，推销各类生活用品和食品。

西联采取了诸多举措来巩固自己的行业地位，其中一项就利用了本书讲解过的这几种沟通者硬型特质并大获成功。这一举措被称为"戏剧化上门广告"，它将广告推向了一个全新的领域。提供"戏剧化上门广告"服务的工作人员必须长得英俊帅气，在将广告手册和样品交给目标群体——家庭主妇时必须要露出灿烂迷人的微笑。此外，他们还要穿着可以展现出专业性的高档制服：外面是黄铜纽扣装饰的漂亮双排扣西装，里面是硬挺的白衬衫，头戴制服帽。这一切都让工作人员浑身散发着威望和能力的味道。当然，西联的这项服务相当昂贵，接受了这种服务就相当于在对邻居说"我有社会地位"。

"戏剧化上门广告"成功到什么地步呢？后来，代表2000多家公司的美国广告行业协会竟然游说美国参议院调查西联公司，因为西联通过这项新服务获得了不公平的支配性地位。其实从本质上讲，所有广告公司发出的信息都是相同的——"试试这个样品""看看我们的宣传册""买我们的产品"。但只有西联公司关注到了沟通者，通过运用硬实力，如能力、外表吸引力，以及这些所暗示的社会经济地位，他们赢得了胜利。

但故事并没有就此结束。

西联"戏剧化上门广告"的用户在潜移默化中也学会了利用这些沟通者的硬型特质来传递自己的信息。当然，他们不卖样品也不送宣传册，只是与朋友和邻居分享自己收到的服务，而这反过来又为西联提供了更多优势，使其更加成功。

也就是说，西联专注于沟通者硬实力，但他们也从沟通者的软实力中受益不小。在本书的第二部分，我们将探讨沟通者的软型特质。

第二部分

软性影响力

沙皇俄国时期，有一位深受皇室信任的宠臣格利高里·拉斯普京曾多次被人暗杀。第一次，刺杀者在拉斯普京的蛋糕中下毒，可能因为毒药的剂量不够而没有成功。第二次，刺杀者在拉斯普京的酒中下毒，却依然失败。最后，刺杀者叫来了一名枪手，朝着拉斯普京的胸部和头部各开了一枪，然后把尸体捆上重物，扔到了河里。

　　刺客们不惜大费周章也要把拉斯普京干掉，这从侧面证明了他有多么令人痛恨。拉斯普京不知用了什么"神力"，竟然"控制"住了太子的血友病，并赢得了沙皇尼古拉二世和皇后亚历山德拉的满心喜爱。但是对公众来说，这位"妖僧"是历史上最不受欢迎的人物之一。人们普遍认为他是个骗子，有操控政局的巨大野心，他对皇室家族和政坛施加的影响都是邪恶的，他的死绝对罪有应得。

但并不是所有人都这样认为。曾有这样一次实验，研究人员对一群在拉斯普京死后很多很多年才出生的人讲述了他的一生，大部分人对他的评价都很差，但也有小部分人表示拉斯普京看起来没有那么坏。这些人都是亚利桑那州立大学的学生，关于拉斯普京的种种不法行为，他们接收到的信息都是相同的，但是那一小部分人跟拉斯普京之间有个共同点——生日在同一天。

人都有内在的"归属感需求"，有与他人建立联系的基本欲望。共有的爱好、共同的观点，或者对某事共同的好感，都会将人们联系到一起。当感觉到自己与他人以某种方式联系在一起时，我们就会更愿意倾听，更重视对方说的话。换句话说，吸引我们的不是沟通者传递的信息，而是沟通者本人。

这不是某种文化或性格的特有表现，而是一种普遍现象。所有人类个体都有社会联系的需求，会相互关心、共享资源、合作前进。一旦建立积极的社会联系，我们的内心就会感到快乐和充实，产生强烈的掌控感、自尊感和幸福感。来自"世界价值观调查"组织（World Values Survey）的数据表明，强大的社会联系和社会资本是人类幸福的最佳预测指标，其影响力甚至超过了财富和收入。如果这些人性需求得不到满足，我们就会陷入孤独。这是一种令人厌恶的情绪，会导致诸多生理和心理健康问题，例如焦虑、抑郁、自卑、肥胖、暴躁，等等。对学龄前儿童的研究表明，社会排斥会导致6岁儿童合作行为的减少，以及攻击行为的增加。其他研究表明，被孤立的青少年在面对困难和挫折时，其行为会变得更加激进并带有攻击性。那些被同事排挤的员工也常常会采取过激、敌对的行为。社会中的极端暴力行为往往都起源于疏离感。在美国，很多校园枪击案都是遭受孤立和排斥的人所为。

社会联系蕴含着巨大影响力。所有人都想躲避孤独带来的社会和情感困境，就像饥饿之人四处寻找食物一样，被孤立的个体也会积极寻找与他人的社会联系，以满足自己的情感需求。这种需求非常迫切，哪怕是看似微不足道的共同点（比如生日是同一天）都足以建立起联系。因此，前文提到的那些实验参与者如何评价拉斯普京，取决于他们与拉斯普京是否有共同点。

下面详细说说这次实验的情形。这项研究由心理学家罗伯特·西奥迪尼和约翰·芬奇主持进行，实验参与者要阅读三页关于拉斯普京的历史文档，从他在西伯利亚农民家庭的出生，到信仰的转变、与沙皇尼古拉二世的交往，直至最后被暗杀。阅读完毕后，实验参与者要从不同角度对拉斯普京进行评价。所有学生拿到的都是基于史实的相同资料，除了一个小小的不同之处——拉斯普京的生日。研究员们随机选择了一些实验参与者，修改了他们拿到的资料，让他们误以为拉斯普京的生日和自己是同一天。必须说明的是，那些感觉与拉斯普京有着某种联系的学生，并没有一下子把他的形象上升到英雄或者圣人的位置，他们对拉斯普京的整体评价仍是负面的。但与其他同学相比，他们的观点要更加柔和。正如西奥迪尼指出的："一旦我们认为自己与某人或某事有联系，就会不由自主地提高评价。"

西奥迪尼和芬奇的实验证明了人类的"部落性"。一个极其微小的暗示就足以让我们将某人视为同类和潜在合作伙伴。如果像出生日期这样的小事都可以让人们提高对反派人物的评价，那么想象一下，更加重要的因素可以产生怎样的巨大影响。

日常生活中我们常常会看到这种情况：在其他条件大体相同的前提下，招聘人员会很自然地选择与自己具有相似特征的求职者；如果销售人员能够找出自己和顾客的共同点并一再强调，那么说服顾客购买的概率就会大增。从整体上说，我们更喜欢与自己年龄、家庭背景、智力水平和社会经济地位相似的人。对社交媒体的分析显示，与陌生人相比，人们转发朋友信息的概率更高，即使这些信息是阴谋论或者谣言。有研究表明，人们在回答随机的非社会性问题时更可能咨询、跟随那些与自己世界观相同的人，而不是与自身世界观不同但对当前议题拥有更多知识和经验的人。这项研究在一定程度上解释了，为什么面对大量证据和事实人们依然会听信谣言和阴谋论。很多时候，人们反对的不是信息，而是传递信息的沟通者。世界上就有这么一群人，他们可以相信几乎任何事情，只要消息来自与他们相似的人，或者他们喜欢的新闻媒体。

一旦将信息与社会联系结合起来，就会产生非凡的结果，"女孩你可以"运动就是一个很好的例子。这是英格兰体育组织发起的一项运动，旨在激励更多女性参与到休闲体育活动中。通常情况下，广告公司会请来最有名的女性运动员做形象代言人，但在"女孩你可以"的广告中，视频和海报里的所有女性都不是专业运动员，体型有高有矮、有胖有瘦，运动能力也并不优秀。由于这次活动不是在控制变量的前提下进行的，所以我们很难确定地说，是广告中出现的普通女性让英国广大民众产生了联系感，进而积极回应。但数据还是具有一定指向性：据《英格兰体育》报道，280万英国女性受到了该广告的影响，开始参与或更多地参与体育活动。

津巴布韦的性健康计划的成功，也说明了以联系感而不是地位为指标来选择沟通者能产生深远的积极影响。人们自然而然地认为穿着白大褂的医生才是宣传避孕套的最佳沟通者，就像体育明星更适合宣传体育活动一样，但是该计划的实施者选了一条不同寻常的宣传路线。工作人员找到一群来自低收入地区、以替人编发为生的女性，并对她们进行了一系列培训。她们要传递的信息与医护人员传达的完全相同，不同的是她们并非专业人士，而是可以在友好、安全的环境中提供建议的熟人。

这无疑是一个聪明的决定。无论医疗人员有多么专业，从他们那里获取性健康信息都是件尴尬事，而一位熟识、信任的友好沟通者可以打破交流这类问题时的无形障碍，让人们更加自由地谈论这些问题。当然，在接收信息的女性心目中医生依然是神圣和专业的，但是当信息来自一个让人放心的、有联系感的沟通者时，就会更具说服力。

这项运动还体现了社会联系的另一个重要特点：随着时间的推移，人们之间的联系会随着彼此的熟悉而进一步发展，变得更强大、更持久，并提供一种心理和生理上的安慰，这是精英沟通者无法给予的。

本书第一部分探讨了社会经济地位、能力、支配力和外表吸引力这些沟通者可以去借助的硬实力，以及它们如何影响信息接收者对信息的反应。在第二部分中，笔者将讨论另一种影响方式：一种强调联系感而非优越性的方式。展现硬实力的沟通者们通过走在他人前面来获得影响力，而使用软实力的沟通者则通过与他人好好相处来获得影响力。沟通者的这四种软型特质就是：友善、示弱、可信性和魅力。

第五章

友善

沟通有时效，一开口就要建立联系

1985年11月19日星期二，在得克萨斯州州法院的法庭上，陪审团做出了一个震惊法律界和商界的裁决，直接把一家大型石油公司推到了破产的边缘。12名普通公民裁定原告鹏斯石油公司胜诉，要求被告德士古石油公司支付总计超过105亿美元的损害赔偿金。这是到当时为止美国法律史上数额最大的单次民事处罚。

整件事情起因于一次行业并购。当时，鹏斯石油公司的董事长休·利特克一心想将公司做大，但缺乏与行业巨头们竞争的石油资源。1984年初，利特克看到了希望。当时，鹏斯石油有一家竞争对手盖蒂石油公司，有传言称这家公司和华尔街投资银行家们频频接触、召开会议，还有传言称其起了内讧，总之盖蒂石油的股价持续低迷，迫使管理层不得不采取行动。利特克从中发现了机会：盖蒂石油拥有巨大的石油储量，鹏斯石油则想要进一步发展。因此，他联系了盖蒂石油公司的董事长戈登·盖蒂，商讨合并的可能性。在接下来的几个月里，利特克和盖蒂举行了多次会议，工作进展迅速。最终，盖蒂和利特克达成协议，由鹏斯石油公司收购盖蒂石油公司。然而，当合并的消息传遍整个行业后，另一家竞争对手、行业巨头德士古石油公司站了出来，试图横插一脚，破坏鹏斯石油的收购计划。连行业巨头都表示出了重视与兴趣，这让盖蒂石油公司十分欣喜，他们与德士古石油进行了接洽，并最终同意了其报价。这一结果让利特克十分愤怒，他声称德士古公司非法侵占了他之前的交易，并对其提起诉讼。

1985年初，双方在法庭上见了面。这场审判持续了五个半月，焦点是休·利特克和戈登·盖蒂达成的最初协议有多大的法律约束力。数十名目击者被召唤到法庭做陈述，法律学者们纷纷就握手同意是否具有法律效力、在非正式协议上签字是否具有法律效力、德士古公司对盖蒂和鹏斯的最初协议了解多少等一系列问题发表自己的意见。律师们仔细研读了1.5万页的审前证词，审判本身又产生了2.4万页的笔录。证据数量之多，司法解释之广，让很多法律界人士都充满好奇，不知如此复杂的案件最终会怎样收场。因此，当陪审团如此果断地做出不利于德士古石油公司的裁决时，所有人都感到震惊。

为什么12名没有任何法律或石油行业经验的普通公民，会如此坚定地反对德士古石油公司，并做出了如此严厉的判决？究竟是什么说服了他们？是数万页证词和信息中的某一页让他们下定结论的吗？是某位专家的证词让他们相信德士古公司是完全错误的吗？所有人都在思考这些问题。这本就是一件非常复杂的案件，法庭调查又耗费了这么长的时间，人们自然会问，究竟是哪一件证据影响了陪审团的裁决。

其实，人们的思考方向就是错的，应该关注的重点不是哪些事实或论点影响了陪审团，而是大量的复杂细节对陪审团产生了怎样的冲击和影响。想想上万页的证词、数以百计的专业术语，以及在那五个半月时间里双方发生的无数次争论——对12名普通公民来说，这一切肯定难以忍受。他们承受的压力实在太大，以至于很多事实性细节反而变得无关紧要了。他们本应将注意力放在晦涩的论点和深奥的法律条文上，但是在巨大的压力下，陪审团开始关注展示这些信息的人。此时，信息本身已经变得模糊、不再重要，重要的是传递信息的沟通者。

在这个案件中，最终影响陪审团的因素肯定不是社会经济地位。德士古公司更有钱，名气也更大，其分公司和产品遍布全美各地，而鹏斯石油只是一家地区公司，从社会经济地位的角度看，德士古公司肯定能轻松获胜。再从能力角度来看，德士古从事石油业务的时间比鹏斯石油长得多，专业经验更丰富，而且德士古石油还聘请了很多业内专家，这些专家在审判期间又邀请到了更多的专家。还有，德士古石油在石油行业内具有强大的支配力，否则也不可能成功说服盖蒂石油放弃鹏斯石油，转而支持自己。德士古石油的高管们在介入盖蒂石油和鹏斯石油的收购时一定是这么想的："没人能打败我们，德士古才应该是这笔诱人交易的最终受益者。"

但有时，拥有强大姿态的沟通者也会失败。审判结束后不久，陪审团成员詹姆斯·香农接受了记者的采访。记者问他为什么陪审团最后做出了这样的判决，香农回忆说，他和其他陪审员认为德士古石油的首席律师举止粗鲁，有几次德士古石油公司的证人都懒得看陪审团一眼。他还提到德士古公司的一位高级副总裁在法庭上的表现非常自傲、浮夸。在他看来，鹏斯石油公司的法律团队要讨喜得多。在这个高度技术化的复杂案件中，重点似乎不是谁对谁错，而是谁更友善、更具有人性。

传递友善信号

友善是一种重要的沟通者特质，它意味着关心对方和与人为善。友善型沟通者追求的并不是高贵地位，而是仁爱。他们会尽量避免做出可能被理解为带有敌意的表现，尽量选择那些不会伤害情感的话语。他们讨厌冲突带来的内疚感，内心渴望能避免对抗，有时甚至为此而不惜放弃自身利益。友善型沟通者会向他人表露自己的尊重、友好和兴趣，以表明对他人的重视大于自身。

和友善的人在一起，你会获得更多回报，因此友善的人会成为优秀的沟通者，也就不足为奇了。戴尔·卡耐基于1936年出版了经典著作《如何赢得朋友并影响他人》一书，"友善且讨喜"就是其中的核心信息。卡耐基曾说："不要批评、谴责或抱怨。要真诚地欣赏对方，发自内心地关注对方。"临床心理学家约翰·戈特曼曾做过很多准确的离婚预言，他发现预示婚姻失败的四个最关键因素是：批评、防卫、拒绝和轻视。所有这些行为，都站在了最重要的人际交往特质——友善的对立面。

对人类来说，察觉对方是否友善是一项必不可少的基础社交能力，甚至连6个月大的婴儿都更喜欢有亲和力、讨喜的人，不喜欢有反社会或中立性格的人。一旦能够活动四肢，他们就会伸出手"帮助"玩具娃娃打开箱子、爬上小山或者捡回小球，而不是"阻碍"娃娃们"做"这些事。这种区分好人和坏人的能力会给人类社会带来巨大好处——减少冲突，增加合作。所以人们会优先与那些表现出亲和力的人交往，也更喜欢他们。这种与生俱来的反应可能就是陪审团偏向鹏斯石油公司而不是德士古石油公司的原因。

成年人会将友善特质融入日常对话中，这可以让社交活动更加顺畅。将人机交流与人人交流进行一下对比，你就能明白友善对人际交流的重要意义。没有人会在与苹果语音助手(Siri)、亚马逊智能语音（Alexa）或微软小娜（Cortana）的互动结束时说"多保重"，但我们在与他人的日常交流中总是会用礼貌用语开始和结束对话，以显示自己的亲和性。这就是为什么与陌生人讲话时应该先说一句"你好"，如果不这样做，别人要么会认为你有急事要说，要么会认为你粗鲁没礼貌。

友善的信号不仅仅出现在一段对话的开场白中，还会出现在我们对他人的请求中。无论是向陌生人问路还是让家人帮忙做事，我们都会把要求弱化为问题，以避免让自己显得急切、专横或苛刻。即使知道对方一定会服从要求，比如让一起进餐的同伴递一下盐瓶，我们也会小心处理自己的言辞，不让对方觉得低人一等。所以我们不会说"把盐瓶给我"，而是说"你可以把盐瓶递给我一下吗"，这样的说话方式会让对方获得一种自主感。这种交流方式存在于人类的所有语言中，不过在不同文化背景下的使用程度并不一样，比如日本人就对此高度敏感。一般来说，这种交流方式都会被用于一种左右为难的社交情景：虽然很关心某人，但仍要将自己的想法强加于他。通过这种方法，既能达到目的，又不会让自己显得那么强势和功利，好像只关心对方的工具价值一样。

以上这些都是我们可以在日常互动中观察到的友善信号。

在实际社交中，我们对友善信号的反应非常直接、迅速。哥伦比亚大学的神经科学家和社会学家们曾围绕一个为期9周的夏季强化课程进行了研究。参加这个课程的学生们互相并不认识，在课程开始前，研究人员一边让学生们注视着其他课程参与者的照片，一边使用核磁共振成像仪对他们的大脑进行扫描。9周后，学生们已经自发形成小团体，建立起密友关系。此时，研究人员对他们的大脑再次进行了扫描。结果发现，课程开始前的大脑神经活动扫描结果就已经显示出，他们将与哪些人成为好友，又会与谁关系不好。这就好像大脑在真正了解其他人之前，就已经预先决定了交往和讨厌的对象。而更令人惊奇的是，主持实验的研究员可以通过观察甲查看乙照片时的大脑活动，来预测乙是否会喜欢甲。没错，当你和一位陌生人第一次见面时，研究人员只需观察对方的大脑反应，就知道你在9周后是否会喜欢对方。你会不会与某人交朋友，不仅取决于对他的第一印象是好是坏，还取决于对方是否喜欢你。如果一名学生对另一名学生产生好感，而且也感受到了对方的友善，那么在9周后，两个人就会成为好朋友。

友善特质会对人际关系产生决定性影响，对人类精神健康也非常重要。知名心理学家卡尔·罗杰斯很早就认识到这一点，并在临床上采用了以友善为核心的治疗方法。罗杰斯的观点与传统学院派思想不同，他认为与只使用潜意识和焦虑情绪分析的心理治疗师相比，那些向病人敞开心扉、表示理解和同情的治疗师能让治疗更为有效。值得注意的是，他发现即使是精神分裂症患者（这种疾病通常被认为是由遗传和生物学原因共同引起的），在接受了"病人中心疗法"后，其症状也得到了明显改善。

罗杰斯认为，这种来自他人的、无条件的关怀，是人类自我认知健康发展的基础，而提供这一环境就是"病人中心疗法"治疗师的工作。他认为大部分孩子在成长过程中都可以从父母和大家庭中获得这种关爱，因此才能在成年后拥有良好的社会适应能力，但也有部分人在成长过程中缺乏关爱，这种人就需要从其他地方获得这种情感。"病人中心疗法"治疗师友善温暖的性格和富有同情心的倾听，可以很好地填补他们的心灵空缺。

许多心理治疗专业人士认为，在实践中不管采用什么疗法，建立并维持与患者的关系永远是治疗的第一步，也是最重要的一步。不仅如此，有证据表明这种治疗理念也会对治疗师产生积极影响，因为它可以影响患者看待治疗师的方式，在极端的医疗案例中，这种情感联结甚至能有效降低诉讼风险。在一项研究中，实验参与者被要求聆听10秒钟医生与病人的对话录音片段，然后评估医生的态度是友善还是带有敌意，以及病人是否表现出焦虑、恐惧等情感。然后研究人员将参与者们的评价与医生们的专业记录进行比较，结果发现医生的支配型语气与其医疗事故发生率之间出现了很强的关联性。如果两位医生能力相当，那么使用支配型语气的医生被病人起诉的可能性，比语气更柔和的医生高一倍。

有人说，具有强烈同情心的沟通者当然会在需要展现同理心的工作中更受欢迎，这不足为奇。但有证据表明，即使在需要表现出强势姿态的工作中，带着同情心去沟通也有很好的效果。此外，友善特质也能带来更多的经济回报。前面章节提到过德意志银行次贷首席交易员格雷格·利普曼，他很懂得自我推销，擅长通过夸张的方式来展示能力。但也有些销售人员在与客户交流时表现得十分友善，并以此建立起密切的个人联系，也能获得相应的经济回报。有时，一句简单的赞美就可建立起这种关系，比如服务员可以对食客的菜品选择表示赞同，发型师可以称赞顾客的面庞适合某种发型。友善也会改变工作场所的氛围。一项关于工作场所的研究发现，如果同事请求帮助，约有50%的人愿意提供帮助；但如果请求帮助的同事先说几句赞扬的话，那么愿意提供帮助的比例则会提高到79%。

商界的领导者同样会从友善特质中获益，比如美国连锁超市品牌好市多的首席执行官克雷格·耶利内克，无论是公司同事、下属，还是客户、投资人，都认为他是个讨人喜爱的人。2017年，他被评为美国上市公司最受欢迎的首席执行官。在西雅图大学商学院的一次演讲中，耶利内克提到了自己看重的几项领导力因素：耐心、帮助他人成长与成功、与员工建立联系、不标新立异。可以看出，他选择的都是与谦虚和人性化相关的品质，而不是无情的成功策略。人们普遍认为，正是这些内在品质，让耶利内克和好市多在一个新玩家和创新思潮不断涌现的激烈竞争市场中依然频获成功。

耶利内克的热情与那些在会议期间只顾回复邮件和打电话而无视与员工互动的老板形成鲜明对比，这些人不知道这样的行为降低了自己身为老板的生产力管理效率。最新一项研究发现，员工们很容易因老板沉溺于智能手机而失落，这不仅让员工感觉自己不被赏识，还会让他们对自己的能力感到不自信，进而影响工作表现。65家总部位于美国和比利时的企业提供的数据显示，那些真正关心员工的首席执行官们拥有更高效的员工队伍和管理层团队，也能做出更出色的财务业绩。如果一名首席执行官认为自己缺乏成功领导者应有的魅力，那么他最好采取友善的交流方式，而不是伪装出强势的样子，因为这并不适合他。

提高友善度的方式

想提高自己的友善程度，首要的就是保持乐观、积极的态度。在澳大利亚的一项研究中，实验参与者观看了演员扮演的公司主管和员工开绩效评估会的视频。有些员工得到了鼓励："我很高兴地听到，你已经完成了绩效目标。"有些员工受到了责备："你没有完成绩效目标，这太令人失望了。"当公司主管以热情积极的态度传达信息时，不管信息本身是好是坏，实验参与者都认为他是更优秀、高效的领导者。可见，乐观积极的态度可以帮助缓和坏消息的负面影响，消极态度则会抵消好消息带来的积极影响。当然，乐观积极的适用范围是有限的，毕竟面带微笑地传达一个坏消息也不是什么好做法，但只要传递合适的情感，保持相互信任的状态，友善的信使是最不可能被国王杀死的。

在职场中，积极乐观的人更容易得到上司和同事的肯定。如果一位求职者态度积极，尤其是面试时带着微笑，那么他获得工作的概率更高。始终保持积极态度的员工能更加顺畅地与同事合作，这会加速他们的职业发展和成功，并最终反映到收入上。

另一种表达友善的方式是社会奖励。莎士比亚在《驯悍记》中说过，疯狂和任性的幽默可以被善意杀死。换句话说，在对付不良行为时，社会奖励可能比威胁和制裁更有效，心理学家称之为"善意的回报"。实践研究发现，社会奖励可以对人类行为产生强烈影响。

杜克大学教授丹·艾瑞里进行了一项在以色列某半导体工厂开展的研究，并记录在《动机背后的隐藏逻辑》一书中。研究期间，大部分员工都收到了一条短信，内容是工厂要为他们组装电脑芯片的辛勤工作提供奖励。奖励分为三组，第一组员工得到了100以色列新谢克尔（约200元人民币）作为奖励，第二组员工得到了一份比萨，第三组员工得到了老板的正式表扬。还有一个对照组，他们没有收到任何短信和奖励。毫不奇怪，所有激励措施都起到了一定程度的作用。第一天结束时，与对照组相比，得到比萨的一组和得到老板表扬的一组，其组装数量分别提高了6.7%和6.6%。现金奖励也起了作用，但提高率只有4.9%，明显不如另外两组。出人意料的是，随着时间的推移，获得现金奖励的一组，其工作效率居然变得比对照组还要低。相比之下，得到比萨的一组和得到老板表扬的一组保持住了较高的工作效率。也就是说，金钱奖励可以在一开始提高生产力，但最终会降低员工的工作动力。相比之下，表扬和礼物不会产生这种反效果。可见，社会奖励（比萨饼和表扬）确实能产生重要影响，甚至超过了金钱。

艾瑞里的实验结果与组织心理学家亚当·格兰特和弗朗西斯卡·吉诺等人的研究高度一致。格兰特和吉诺的研究表明，简单地表达感激之情就可以获得明显的积极反馈。如果某位基金会的业务经理对手下一名负责筹款的工作人员的工作真诚地表示感谢，那么在接下来的一周里这位工作人员会打出更多的筹款电话，比平时多50%。假设外呼电话的成功率保持不变，那么这就意味着巨大的业绩提升。笔者最近与美国公交运营商合作的一项研究显示，让公交公司主管在司机接班时送上一些暖心话语，例如"一定要注意安全"或"我们很感激你的辛勤工作"，那么司机们出现道路事故的概率就会明显下降，而那些偶尔的应得奖励似乎并不能提高工作效率。

前面分析了提高友善程度的两种方式——积极乐观和社会奖励，第三种是表达同理心。简单来说，如果一个人能够对他人的痛苦或抱怨表示关怀，那就能增加自己的亲和力。

同理心的效果非常强大，比如在下雨天举办公开演讲活动时，如果演讲者能以"道歉"作为开场，例如"今天下雨了，真是抱歉，感谢大家依然能够前来"，那听众们一定会更加用心地聆听。曾有研究者进行过一系列社会实验，观察当一个人为自己不可能负有责任的情况（比如坏天气）道歉时对方的反应。其中一次实验是这样进行的：研究人员选择了一个雨天，让一位演员扮演丢失手机的路人，跟火车站里的旅客借用手机，结果10次中有9次对方断然拒绝；但如果演员先为恶劣的天气道歉，然后再提出请求，比如"很抱歉下雨了，我可以借用一下你的手机吗"，这次将近一半的旅客帮助了他。社会科学的研究表明，为并非自己所能控制的不愉快事情道歉，会被他人视为同理心的体现，这会让一个人看起来更友善，也让人们更容易接受他所说的话。

既然连不必要的道歉都如此有效，那么毫无疑问，必要的道歉可以扭转更加艰难的局面。因为道歉是非常强大的社交工具，是修复或重建关系的基础。

提高友善程度还有另一种方式：表示谦逊，但这是一把双刃剑。有的人会采用"欣赏式谦逊"，即通过对他人的欣赏和赞美，表现出强烈的群体融入愿望，这会带来积极的正面效果。有的人采用"自贬式谦逊"，这会导致他人对其社会地位的低估。居于强势地位的人常采用欣赏式谦逊，自贬式谦逊则往往产生于低自尊心态。自贬式谦逊的沟通者往往缺乏归属感，觉得别人不尊重自己，所以表现出温顺和服从，他们对信息的影响力也因此被削弱了。

当友善应用不当

沟通者可以用多种方式表达友善，如果做得好，就能产生强大的说服力，如果处理不当，也会陷入被忽视或者被利用的境地。比如太乐于合作、太容易内疚、太在意他人反应的人可能会被认为性格软弱、好说话，也就更容易被强势的对手利用。

也有些人会强迫自己做出友善表现，这样虽然能被暂时接受，但是人们最终会看透表象，并做出真实的反馈。

另外，如果一个人表现出过多的慷慨或者同理心，反而会让他人感到不安，从而削弱他人对自己的支持。比如说，你的朋友泰德对你说他打算捐出一大笔钱，但没有解释为什么，你会认为他十分慷慨，也会担心他的奉献精神超出了能力范围。伦敦大学学院（University College London）的研究表明，这两种反应在现实生活中都可能出现。笔者曾做过这样一次实验，让实验参与者观察两个人分配一大笔金钱的情景，当其中一人自愿让出本应属于自己的一部分钱时，旁观的参与者会产生负面情绪。当然，与自私自利的人相比，这种极端的利他主义者肯定被认为更友善，但过于友善的举动同样会让他人不适，在极端情况下甚至会导致敌意。例如，有些素食主义者喜欢向肉食者证明自己的饮食选择才是正确的，但其观念很快就被人们扔到了脑后，这是因为他们使用了极度扭曲的信息传递方式，即占据道德制高点，这自然而然会将他人置于较低的位置。绝大部分人都想成为好人，一旦有人站在道德的高处横加指责，我们必然会感到自尊受伤，并因此敌视对方。

友善特质带来的最大负面影响是，降低他人对自己的地位评价。本书第一章中提到过，当地位高的人和地位低的人在休息室相遇时，前者往往会表现得更冷淡，不太愿意与他人交流，后者则会表现得更友善。所以说，友善可以被视为地位较低的表现。

这种非高即低的二分法是有现实意义的。正如前面所讲，支配力往往与相貌联系在一起：下巴更方，眉骨更突出，鼻子更大，面部宽高比大于平均值。那些看起来能力出众的人，面部特征也更加成熟。而友善的相貌则几乎完全相反，显得更加孩子气：圆圆的面庞、大眼睛、小鼻子、高额头外加小下巴。这种面貌特征有利有弊：有利的一面是，针对瞬时第一印象的研究表明，人们普遍认为长着娃娃脸的人更友善、更诚实；不利的一面是，长着娃娃脸的人通常被认为能力较差，更需要保护。长着一张娃娃脸的谈判者肯定不如相貌成熟的谈判者有说服力，长着一张娃娃脸的企业高管也更难激发员工们的信心。

长着娃娃脸的人通常被认为性格更加友善，能力也更弱，所以在充满怀疑的氛围中，他们会获得更多信任，也可以得到更多善意。长着娃娃脸的孩子往往会得到父母和兄弟姐妹们的优待，被强迫做家务、受到父母责罚的次数也更少。成年后，这种优势甚至可以延续到司法领域中。在小额索赔案里，长着一张娃娃脸的原告往往会得到更多赔偿，而看起来更成熟的被告则要支付更多的赔偿金。人们似乎很难相信长着一张娃娃脸的被告会心怀恶意，毕竟他们有着友善、稚气的外表。还有，长着娃娃脸的人被判有罪的可能性更小，即使被判有罪，惩罚也会更轻。英国心理学家大卫·佩雷特指出，当涉及过失犯罪时，比如忘记通知客户召回产品，造成严重的人身财产损失，娃娃脸的人可能会受到更严厉的惩罚。但是当涉及严重的蓄意犯罪时，例如伪造商业记录，或者蓄意伤害他人，娃娃脸的人会受到更轻的惩罚。法官们似乎更愿意相信一名长着娃娃脸的罪犯是一时疏忽或者偶然做错事，而不是蓄意犯罪。

善用"声誉溢价"

从整体上看，友善可以有效提高沟通者的声誉，并通过联系感和影响力为其带来优势。大部分人都希望自己给人以友善温暖、慷慨大方、富有爱心的印象。如果某种友善行为能带来社会奖励，比如获得荣誉头衔，或者有机会结交更多优秀的人，那么人们就会更积极地继续这一行为。例如，维基百科的词条都是由志愿者们无偿编辑的，如果某位志愿者的贡献受到了公众认可，那么他就会更加慷慨地贡献出自己的时间。在一项研究中，两名社会学家随机地为活跃的维基百科贡献者颁发奖章，以测试这种非金钱奖励能在多大程度上激发他们的贡献意愿。在接下来的90天里，与没有得到奖章的志愿者相比，得到奖章的志愿者工作效率提高了60%。

这种慷慨的奉献（也被称为竞争性利他主义）并不罕见。从比尔·盖茨、沃伦·巴菲特、乔治·索罗斯、马克·扎克伯格，这些超级富豪都已成立自己的基金会，并使用自己的巨额财富来造福社会。很多大公司都在努力履行社会责任并举办相关活动，普通公民也会慷慨地向慈善机构捐款捐物。当然，也有人出于利己目的而参与这些公益活动，毕竟慈善捐赠可以免税。但不可否认的是，捐赠者和志愿者都获得了声誉上的收益。

举一个更加具体的例子。世界上第一款节能混合动力汽车丰田普锐斯在推出后不久就激发了一系列负面评论。评论人士称，与同等大小的普通汽油车相比，普锐斯的动力更弱，灵活性更差，品牌也不那么响亮，较高的价格更是令购车者们却步。他们还说，尽管普锐斯比普通汽车更省油、更环保，但如果为了这些就把自己原本完好的车换掉，反而是资源上的浪费。可是在2007年，有30万人花费高昂价格购买了普锐斯。现在，普锐斯的销量已经超过了1000万辆。这是为什么呢？

实验经济学家喜欢通过模仿现实世界的公益游戏来探索慈善、购物和投票等人类活动。在公益游戏开始时，研究人员会给参与者们一笔可以随意支配的资金，他们可以自己留下这些钱，也可以用这些钱为社区事业贡献一分力量。

前面那个案例告诉我们，要想产生巨大影响，必须依靠集体行动的力量。如果只考虑自身利益，人们不会购买丰田普锐斯，不会费心进行垃圾分类，更不会仅仅因为环境保护和动物保护问题就成为素食主义者。但人类并不会只考虑自己。首先，利他行为不仅仅是为了获得他人的认可，还包括了我们对自己的期望——富有爱心。其次，友善举动能提高社会声誉，一旦某人的利他行为被同事、朋友和家人看到，他们就会赞扬这个人的无私、更尊重他、更愿意与他合作并保持社交联系。在公益游戏中，当某位参与者选择将资金贡献给社区建设时，所有人都能看到他的举动和捐献金额，并出于对声誉的重视而纷纷效仿。怀疑论者可能会认为，在这种情况下，人们仅仅是在购买他人的认可——但即使是这样，他们的行为依然会让整个群体和社会受益。

以上这些并不仅仅是有趣的理论。美国联邦贸易委员会驻华盛顿特区代表埃雷兹·尤里与来自加州大学圣地亚哥分校、耶鲁大学和哈佛大学的学者们一起，成功运用声誉效应解决了一项现实世界中的公益问题。他们与一家加州大型公共电力公司合作，测试是否能利用声誉效应增加自愿签署"需求适配"能源项目的家庭数量。"需求适配"项目是通过限制用户在用电高峰期的使用量来降低大范围停电的可能性，同时减轻环境压力。显然，这个项目是为了公众利益而启动，但项目参与者不得不付出一定的个人成本——限制性用电，意味着在炎炎夏日里也可能无法使用空调。

为了深入研究，尤里向一些业主协会及其居民分发了两种不同的倡议书。其中一组的每份倡议书上都印有独立编码，用户可以将倡议书上的代码写在社区公告板上，表明自己愿意签署该项目协议。另一组收到的倡议书则告诉用户，如果他们想参加该项目，就将自己的姓名和门牌号写在社区公告板上。也就是说，一组是匿名的，另一组则是公开的。两组在接受率上的差异令人吃惊：在最终参与项目的所有社区居民中，第二组（写下姓名和门牌号）中参与项目的人数是第一组（仅写下代码）的3倍，是领取了25美元奖金后参与项目人数的7倍。根据研究人员估计，良好声誉的影响价值174美元左右，至少在能源消耗行为方面是这样。

丰田普锐斯的成功也说明了类似的问题。虽然普锐斯价格更贵，这种可被他人看到的环保行为要付出额外的代价，但那些关心环保的人却趋之若鹜。《纽约时报》的一项调查发现，大多数人购买普锐斯是因为它"体现了我的内在和形象"。一个人购买、驾驶普锐斯，对全球气候改善并没有太大影响，对这个人的公众形象却有相当程度的提升。长期以来经济学家们一直认为，如果想要增加对环保产品的需求，制造商就必须降低产品的价格，这样消费者在购买时就不需要进行自我牺牲。卡尔森管理学院的著名学者弗拉德·格里什科维西亚斯认为事实可能正相反，重要的不是付出多少代价，而是这种自我牺牲行为是否公开。

在一项研究中，弗拉德要求实验参与者在环保再生材料背包和功能更多的时尚背包之间做出选择。其中，环保背包由100%的有机纤维制成，还附有如何回收利用的说明，其设计也最大限度地减少了制作过程中的浪费。非环保的时尚背包则带有防水涂层和八个不同的储物格。为了观察实验参与者在不同情况下的反应，研究人员要求他们想象自己在两种不同环境下购物的场景：一种是网上购物，另一种是在零售店的公开环境中购物。参与者还要在购买前读一篇短篇小说，其中一组人读到的小说与声誉有关，另一组人读到的与声誉无关。结果显示，读了关于声誉小说的参与者，在网上购物时依旧会选择时尚背包，而非环保背包；但当他们在众目睽睽之下购物时，则更倾向于环保背包。保护地球、购买环保产品的动机，似乎在一定程度上取决于购买者会得到多少社会认可。

人们重视拥有一定社会地位的沟通者，也同样重视那些通过积极态度、同情和谦逊表达友善的沟通者。在本章开篇那场价值105亿美元的官司中，友善特质让陪审团远离冷酷无情的被告，坚定地站在原告一方。

这也很好地解释了为什么克雷格·耶利内克会被选为全美最受欢迎的首席执行官。友善型沟通者会获得影响力，是因为人们可以从与他们的交流中获得相应回报。我们很清楚为什么友善这种特质会对受众产生巨大影响，也十分清楚为什么人们会高调帮助他人或进行公益活动。当人们在决定是否与他人建立联系、共同合作时，友善是他们最关注的特质。

第六章

示弱

让步不可怕，沟通就要以退为进

阿查娜·帕奇拉詹是印度南部图蒂科林市的一名科技企业家，创办过多家企业，哈伯公司就是其中之一。这家公司是帕奇拉詹和合作伙伴库沙·乔克西共同创建的，其业务是通过应用程序为企业提供在线的广告服务，结果大获成功。2013年末，帕奇拉詹以1400万美元的价格将公司出售。但哈伯公司的成长并不是一帆风顺，在出售前的几年，帕奇拉詹被迫做了一件让所有初创企业家都感到恐惧的事情。那一天，她将公司全体员工——25名经验丰富的工程师召集在一起，解释说公司的种子基金已经耗尽，她不得不请所有人离开。

　　但员工们的反应有些出人意料。他们不仅拒绝离开，还建议大幅减薪，有些人甚至提出免费加班。

　　你会为你的老板这么做吗？

　　对大多数员工来说，金钱、能力提升和职业发展都是衡量一份工作好坏的重要因素。但除了这些，还有另一个关键因素：员工与工作、公司的情感联系。情感联系能帮助员工找到每天尽自己最大努力工作的理由，从而提高对企业的忠诚度。一项对5000名丹麦医护人员的研究发现，那些感觉自己与工作有情感联系的人，不仅认为自己对雇主和同事负有更大的责任，还有更强烈的幸福感。正是这种情感联系促使阿查娜·帕奇拉詹的员工们在最困难的时候依然选择支持她。

那么，雇主要如何才能与员工建立起如此强烈的情感联系呢？休斯敦大学社会工作学教授布林·布朗曾指出，所有社会联系的核心都是某种形式的脆弱。社会联系要求我们将保护自己的面具放下，真诚、开放地进行沟通。换句话说，我们要放下戒心，拥抱彼此的脆弱。布朗写道："我们喜欢在别人身上看到赤裸裸的真实和坦诚。"

示弱是一种很受欢迎的特质。布朗曾在 TED 做过一个题为"脆弱的力量"的演讲，深受公众喜爱，演讲中的观点也解释了为什么帕奇拉詹的公司能够挺过难关。其实，当时帕奇拉詹的员工很容易就能找到其他工作，在2013年的印度南部，计算机工程师非常抢手。出于经济上的考虑，他们有理由离开。但出于情感上的考虑，他们愿意留下与公司共患难。帕奇拉詹很乐意谈论自己的梦想和担忧，以及自己的优点和缺点。员工们认为她十分真诚，愿意将自己的感受公之于众，并相信她会继续诚实地分享消息，不论好坏。帕奇拉詹并不是那种典型的强硬派领导人，她开放、坦率，偶尔也会表现出不安感和脆弱，所以人们都很喜欢她。正如布林·布朗所说："脆弱才是人类真实的样子。"

无论是承认工作失误、进行爱的告白还是向他人求助，表露自身的脆弱都需要一定勇气。保护自己的最简单方法就是关闭自己的心扉，对大部分人来说，表露自己的真实感受、需求、欲望及脆弱，真的非常困难。

向别人敞开心扉就可能面临被拒绝的风险，表露脆弱却惨遭拒绝，这会让人心痛，所以有人认为还是一开始就封闭心扉好了，起码受到的痛苦要小得多。然而事实证明，这种悲观看法实际上毫无根据。凡妮莎·博恩斯和弗兰克·弗林的研究表明，人们通常会低估他人面对帮助请求时的积极程度。要知道，说"不"也是有社会成本的，根据请求性质和人际关系类型的不同，需要付出的社会成本也有所不同，比如拒绝朋友1000英镑的借款要比拒绝10英镑的借款更容易，拒绝陌生人比拒绝老板更容易。但不管怎样，社会代价一直存在，说"不"的人会承担给他人留下负面印象的风险，会被认为冷漠、孤僻、不讲理甚至残忍。甚至，他们自己很可能也有这种感觉并因此内疚。相比之下，说"是"会获得一种更积极、更有益的感觉。同意他人请求、让他人获得快乐，自己也会产生更加积极的感觉，比如与他人分享的快乐感、做好事的充实感。同意他人合作的请求也有助于加强彼此之间的联系。因此，人们说"是"的可能性比预期的要大得多。博恩斯和弗林认为，人们通常会低估得到积极回应的可能性，导致机会的丧失，这会让我们失去潜在的朋友、客户和约会对象，巩固人际关系的机会就这样白白浪费掉了。

另一个阻碍人类表露脆弱的因素是对错误的敏感。我们担心承认错误就会丢掉工作，担心自己的求助被拒绝甚至招致羞辱，并因此失去地位和自尊。最悲哀的是，这种悲观心理往往出现在人们最悲伤痛苦时。也就是说，在最需要帮助时，我们却最难鼓起勇气求助。比如说，尽管全美近90%的受霸凌学生对为霸凌受害者设立的同伴支持系统持肯定态度，但实际上只有8%的受害者使用了它。讽刺的是，负责该项目的监管机构和政策制定者因此认为孩子们并不需要反霸凌支持项目，反而削减项目资金。一个人需要很大勇气才能承认自己的脆弱，因为这会带来痛苦和尴尬，以及地位上的巨大损失。矛盾的是，表达脆弱也可以被视为开放和自信的表现，就像阿查娜·帕奇拉詹那样。

这就是为什么越来越多的管理和商业课程主张领导者应该学会坦然表达自己的脆弱和弱点。展现自己的不安和潜在弱点，反而会获得更顺畅的交流互动，并与他人建立起更紧密的联系。

如果你分享了自己的想法、经历和感受，对方要么会发现与你之间的相似之处，要么对你有更深的了解。不管如何，你们双方之间的关系都会得到迅速、深入的发展。

英国前首相特蕾莎·梅就是一个很好的例子，她是一位高调的领导人，敢于冒险，善于在有限时间内将弱点转化为优势。公众普遍认为她很冷漠，像个机器人一样。她在与选民的情感联系方面也确实表现得不太好。2018年夏，率领商务代表团出访非洲的第一天，特蕾莎·梅受邀与学生共舞，但舞姿饱受公众嘲笑。人们说她在跳舞时"像根木头"，令人"尴尬无比"。在社交网络上，有人嘲笑她是"梅机器人"，并笑称"有人忘了给她加油"。然而几个月后，她竟然在保守党大会上顶着嘘声、随着著名流行音乐组合ABBA乐队的名曲《劲舞女王》再次起舞。这无疑是个大胆的举动，招致了不少羞辱和嘲笑，激起了社交网络上第二波"梅机器人"评论潮。但总体来说，人们对她这种自嘲式的木讷舞姿反应还是相当积极的，就连ABBA乐队的主唱比约恩·奥瓦尔斯也说："我认为她这样做很勇敢。她没有什么节奏感……但我真的很感动。"

特蕾莎·梅欣然接受了自己的脆弱，能够理解自己的可笑之处并与大家一起笑，而不是甘愿只当一个笑柄。她与公众建立起了一定程度的情感联系，至少在短时间内缓和了人们先前对她的严苛评论。她在舞蹈后进行的演讲也被誉为她最好的演讲之一，就连最坚定的批评者们似乎也对她的印象改观不少。《旁观者》周刊称："首相发表了自上任以来最精彩的演讲之一。"《卫报》也总结说："这是梅首相任期内最具雄心、可能也是最成功的演讲。"无可否认，作为一名沟通者，"梅机器人"让自己的影响力更上一层楼——她并没有改变自己发送的信息，只是适当示弱而已。

并不只有阿查娜·帕奇拉詹和特蕾莎·梅这样拥有较高地位的沟通者才能通过示弱来获得好处。在法庭上，辩护律师最常用的技巧就是示弱——被告是个可怜人，遭受过生活无情的折磨，没有能力妥善处理自己面对的艰难困境——并试图以此打动法官，争取更宽大的处理。同样，有些选秀节目的选手也通过展示弱点或不幸经历来获得优势，从众多竞争者中脱颖而出。《英国达人》某几季的冠军就是这样产生的：2017年最终获奖者、钢琴家托基奥·迈尔斯10岁时目睹学校老师被人刺伤，这对成年人来说都是一段痛苦经历，更不用说一个10岁的孩子了；2018年，从小残疾、丧失言语功能的喜剧演员李·雷德利通过用声音合成器讲喜剧段子，并最终赢得胜利。这里的关键并不是他们配不配赢得冠军，而是他们愿意暴露自己的脆弱，这非但没有损害竞争力，反而提高了他们的胜率。当然这也可能招致不少观众的反感，著名心理学家格伦·威尔逊甚至批评道："选手们的缺陷不足与他们的才华一样重要。"

当然，我们不需要通过戏剧性的自我展示来表露脆弱。只要开诚布公地谈论自己，就可以产生强大的影响。如果一场谈判以增进互相了解的环节开始，那么双方都会获得一个展示自己的机会，进而创造出联系感，这样最后更有可能达成一致，产生双赢的结果。这种自我表露也有利于普通的人际沟通，可以增进人与人之间的信任感。甚至在执法领域，如果警察在与目击者面谈时也使用这种方法，那么他就能获得更多有用的线索。

当然，过度自我表露也会适得其反，让好事变成坏事。沟通者分享的信息应该与双方的亲密程度，以及当前环境相符合，否则就会让对方感到不适、尴尬。不恰当的自我表露不仅得不到回应，还会给对方造成压力，让对方心中暗暗咆哮："啊，我的天哪！你讲的太多啦！"但是正如前面所说，如果走另一个极端，完全隐藏自己的弱点，就会失去与他人建立联系并获得影响力的机会。对阿查娜·帕奇拉詹来说，表露脆弱帮助她赢得了团队的忠诚与支持。对特蕾莎·梅来说，表露自我让她从公共压力中得到了几周的舒缓时间。对更多普通人来说，表露自我可以获得额外信息和不同观点，为决策提供更有用的参考，可以赢得同事的理解和原谅，让工作关系更加顺畅，甚至还可以触发一段刻骨铭心的爱情。

"利他行为"何时发生

当别人请求帮助时，你会有一种强烈的点头冲动。这是一种自然产生的情绪反应，跟本书中讲到的不少沟通者特质一样，也是在人类生命早期就已经形成的。这种反应不仅出现在人类身上，在动物身上也是如此。研究人员发现，即使为老鼠精心布置了最喜欢吃的巧克力饼干，它们依然能暂时抵住美食的诱惑，先救助被困在笼子里的同伴，然后再回到饼干那里狼吞虎咽。无疑，这种行为是利他的。

有时，一个人就算没有明确地提出请求，依然会获得帮助。伦敦大学学院的莫莉·克罗克特和同事们进行了一项实验，实验参与者都被单独隔开，通过电线两两一组连接到电击器上。研究人员要求参与者们选择是否用疼痛来换取金钱：可以接受强烈电击，换取更多的金钱；较弱电击，获取少量金钱。但这里有个问题：尽管每次电击都有收获，但接受电击的可以是参与者自己，也可以是他们从未谋面的合作伙伴。也就是说，他们完全可以选择让自己的合作伙伴受苦，而自己获得收益。但结果是几乎没有人这么做，如果额外收入意味着给别人带来痛苦，大多数参与者都会放弃。同情心和内疚感是隐藏在这一切背后的强大动机。这就是为什么人们常常会不遗余力地救助一名陌生人，为什么那些展现自己脆弱一面的沟通者依旧能获得公众的广泛关注。

实际上，仅仅将注意力引导到需求上，就可以产生强大说服力。一项名为"这不仅仅关系到我"的研究发现，在说服医疗团队采取预防感染的保护措施时，与强调医护人员自身安全相比，强调不规范行为对病患造成的伤害要更加有效。在医院的香皂盒和消毒凝胶容器上写"保持手部卫生，可以保护你远离疾病"的提示语，实际上对医生在诊疗病人前是否洗手影响不大。但如果将提示语换成以病患为中心的模式，例如"保持手部卫生，可以防止病人感染疾病"，香皂和消毒凝胶的使用率就迅速上升了45%。

当然有人可能会说，与普通人相比，医疗专业人员更注重帮助他人，因为这就是他们的工作。但即使不存在这种自然动机，人们依然乐意采取利他行为。哈佛大学经济学家菲力克斯·奥伯霍尔泽－吉曾做过一个实验，观察人们在压力水平很高、其他人就是痛苦来源的环境（比如繁忙的火车站）中是否还愿意帮助他人。想想那长长的队伍、疲惫的乘客和暴躁的工作人员，没有人会认为火车站是一个充满和平善意的地方。如果说什么场所最适合用"人人为己"这个词来形容，那无疑就是火车站售票处了。在这个实验中，奥伯霍尔泽－吉试图找出哪些因素可以让排队的旅客为了帮助他人而让出自己的位置。

从表面上看，答案应该是"金钱"，但真实情况并非如此。

在这次实验中，奥伯霍尔泽－吉安排了一些演员扮演赶时间的旅行者，他们向排在自己前面的排队者搭话要求插队，并承诺给予一定的金钱补偿。很多人都答应了这位旅行者的要求，给的钱越多，愿意出让自己位置的人也就越多。

答案似乎显而易见：获得的金钱越多，人们越愿意提供帮助。但奥伯霍尔泽－吉发现很少有排队者真的收了钱，在他们眼中重要的似乎不是金钱，而是金钱代表的情感——绝望。插队者出的钱越多，排队者感受到的绝望气息就越浓烈。当看到10美元摆在自己面前时，大部分人想的不是"哇，你愿意出10美元插队，你一定很有钱"，而是"哇，你愿意出10美元插队，那你一定非常着急"。在这种情况下，钱就是表达强烈需求的信号，人们对此的回应是伸出免费的援助之手。

"利他行为"为何持久

这里有一个看似矛盾的地方：奥伯霍尔泽－吉的实验表明人们会帮助有需要的人，然而日常经验告诉我们情况并非总是如此，前文中提过的斯坦利·米尔格拉姆电击实验就表明，很多人愿意将痛苦施加在弱者身上。是什么让人们在某些场合表现出同情，而在另一些场合则表现出冷漠甚至残忍呢？

对于米尔格拉姆的实验，我们可以从地位角度进行解答：人们总是会同情地对待一个脆弱的、处于（或者暂时处于）较低地位的人，除非地位较高的人提出其他要求。但显然，除了地位之外，还有很多因素影响着人们对弱者的反应。

比如物理因素——信息接收者与发送者的距离。在实验中米尔格拉姆发现，几乎所有参与者都会按下可能致命的450伏电击按钮，前提是他们没有见到过受害者，没有听到过他们的声音。如果研究人员要求参与者亲自将受害者的手绑在电极板上，那就只有30%的人会最终按下450伏按钮。也就是说，潜在的帮助者离求助者的距离越远，就越容易忽视其存在。

敏锐的读者可能会发现一个问题：如果米尔格拉姆的实验结论真实可靠，那为什么在莫莉·克罗克特的实验中，参与者们却不愿对未曾谋面的实验搭档实施电击以换取经济利益呢？这里有两个因素在起作用：第一，人们通常认为出于自身利益而伤害他人是不道德的；第二，在米尔格拉姆的实验中，实验参与者认为自己只是在执行命令，责任并不在自己身上，而在克罗克特的实验中，参与者要负担起让实验搭档经历痛苦的全部责任。

"救世军红水壶运动"是美国最著名、规模最大的街头募捐活动之一，它生动地向我们展示了如何激发民众心中的个人责任感，让他们伸出援助之手——只需要一个简单的祈使句。在圣诞节前的几周里，活动志愿者们会穿戴上独特的红色围裙和圣诞帽，高高兴兴地走上街头，站在商店门口，摇着铃铛向行人募捐，然后将筹集来的资金用于为弱势群体提供食物、玩具和衣物。当然捐款者不多，只是偶尔会有一些路人停下来掏出钱包。不过这里要分析的是，志愿者的不同行为对募捐效果的影响：如果志愿者在每次有顾客进出商店时摇一下铃，那么平均每3分钟就能得到一笔捐款；而如果他们再加上一个简单的祈使句表达请求，比如"圣诞快乐，请在今天帮助那些贫穷中的人吧"，那么捐款人数会增加55%，捐款总额会增加69%。志愿者的简单请求将过路行人摆在了不得不行动的位置，这种言语信息无疑具有极大影响力。不过这种直接讨要募捐的方式也有缺点，会让很多人远远避开募捐点。

有一个叫肖恩·奥布莱恩的英国人，他的经历证明了同情心的巨大力量。2015年，肖恩因为在酒吧里跳了一段很普通的老式舞蹈而出了名。当时有一群人聚在酒吧里，其中一个人看到身体超重的肖恩正在忘情舞蹈，就拿出手机拍了几张照片并上传到了社交网站上，还在照片下面评论："前些日子也看到这名特殊人士在学跳舞，看到我们在笑，他就呆住了。"在最后一张照片中，肖恩绝望地看着地板，默默承受陌生人的嘲笑。

这个帖子在网上疯传，再度引发网友们对肖恩的吐槽和嘲笑。住在洛杉矶的卡桑德拉·费尔班克斯是一家知名网站的记者，对这场网络霸凌感到愤怒不已。她在推特上发布了肖恩的照片，并问道："有人认识这个人吗？有一大群来自洛杉矶的女士想为他做一些特别的事情……我们想邀请他飞到洛杉矶，和洛杉矶最酷最炫的女士们一起参加豪华舞会，请帮帮我。"她还在这条信息后面加上了标签"寻找跳舞男"。整个社交网络炸开了锅。两天后，胖胖的、有些害羞的"跳舞男"肖恩被找到了。

从那以后，事情就像滚雪球一样越闹越大。无数善良的人在听到肖恩的故事后对他表示同情，也对那些霸凌他的人表示愤怒。肖恩先飞往纽约，在洛克菲勒广场的直播秀中与歌手梅根·特雷纳共舞。然后他又飞往洛杉矶——在那里，费尔班克斯兑现了自己的承诺，为肖恩举办了一场奢华派对。除了一大群"最酷最炫的女士"外，洛杉矶的社会名流也纷纷前来与肖恩打招呼，著名音乐人莫比甚至亲自上场为派对打碟。聚会结束后，肖恩认为属于自己的短暂辉煌已经过去，但事情并没有结束。第二天，他被邀请在洛杉矶道奇队对圣地亚哥队的棒球比赛中投第一球。与此同时，很多名人站出来与网上的霸凌行为进行斗争。这场由费尔班克斯发起的运动非常成功，一个反霸凌慈善机构因此获得了7万美元的捐款。

网络霸凌存在已久，已经普遍到大家视而不见的地步，那么为什么人们纷纷对肖恩·奥布莱恩表达善意，甚至向反霸凌慈善机构捐款呢？因为人们认为，与帮助更大、更抽象的群体相比，帮助一个可识别具体身份的"跳舞男"的责任更重。群体是抽象的、匿名的，而有名有姓的个体则更像身边的伙伴。正因为如此，我们发现自己很难同情某个受害者群体，却很容易关心某个人。

人们看新闻报道时的普遍反应也证明了这一观点。当听到关于某个群体的悲惨故事时，人们往往没有多大感想与反应；但当故事聚焦到某个具体人物身上时，事情就不一样了。这种人类本能甚至会投射到虚拟人物身上。1995年电影《小猪宝贝》上映，主角不仅是虚构的，甚至不是人类，而是一只会说话的猪。它在农场里帮忙照看小鸡和小羊，还参加了一场放牧比赛，与一群受过训练的牧羊犬进行较量。然而，当得知人类会将猪吃掉的可怕事实后，小猪宝贝逃跑了。虽然电影有一个大团圆结局，但这并没有阻止人们对小猪宝贝未来命运的关心。据一篇发表在《素食时报》上的文章称，美国农业部报告显示在《小猪宝贝》上映后，猪肉和以猪肉为原料的罐头食品的销量跌至5年来的最低点。大批电影观众（尤其是年轻女孩）成了"小猪宝贝素食者"，甚至在电影中扮演农民的演员詹姆斯·克伦威尔也成了一名素食主义者。

不难看出，比起超市冰柜里的一袋袋培根，人们对一头活猪的情感反应会更强烈。猪是复杂的高等动物，和狗一样，小猪在出生两到三周后就能记住自己的名字，并对主人的呼唤做出反应。猪也是天生的社会性动物，它们群居生活，见到朋友会打招呼，会互相擦擦鼻子、梳理毛发。和人类一样，它们知道自己族群中哪些成员更具攻击性和支配性，哪些性格比较温和。而在"小猪宝贝素食者"心中，猪拥有像人类一样的头脑，可以讲英语，可以分享自己的经验、感受、欲望和远大理想。

电影观众对一只拟人化的小猪产生如此强烈的情感反应，这对素食主义运动支持者们来说是非常宝贵的一课。后来的很多素食主义运动就非常巧妙地利用了"可识别受害者效应"，其中"纯素一月"活动就是一个非常好的例子。活动组织者在伦敦地铁车厢内张贴了总价值3万英镑的海报，倡导人们尝试素食一个月。这次活动一改以往素食运动的风格，没有使用事实和统计数据作为宣传内容，而是选择了带有情感联系的信息。组织者们选择可爱的小动物作为传递信息的沟通者。他们给这些小动物起了人类的名字，并将它们印在"纯素一月"的活动海报上。这些沟通者对公众产生了巨大影响力，据说"纯素一月"活动至少鼓励了20万人尝试纯素食一个月。

有人说，在一个日益分裂的世界里，我们应该鼓励所有人都多一点点同情，这对整个社会有好处。然而，耶鲁大学心理学家保罗·布鲁姆指出，激发同理心的困难在于，同理心不懂数学，人们很难识别出统计数字中的受害者。正如诺贝尔获奖者、美国经济学家托马斯·谢林在1968年所言："一个人的生命和统计数字上一群人的生命是不同的。如果一名6岁棕发小女孩必须动手术才能将生命延长至圣诞节，那么寄给她的硬币将会把邮局淹没。但如果有报道称，再不征收消费税的话，马萨诸塞州的医院设施将会进一步恶化，导致死亡人数在不知不觉中增加，那没有多少人会为此流泪并拿出自己的支票簿。"

在许多情况下，人们很难（甚至不可能）找到最弱小的那些人，因为他们都隐藏在庞大的人群中。因此，同情心驱使我们去帮助那些处于聚光灯下的弱者，虽然他们或许并不是最需要帮助的人。实际上，这种对"可识别受害者"的同情心，可能导致我们在救助他人时做出偏颇的决策。例如，我们会选择救助一个有名有姓有照片的受苦孩子，而不是十个没名没姓没照片的受苦孩子。这种情况也会发生在医疗专业人士身上，如果一位医生积极救治一名痛苦的病人，并与其建立了密切的联系，那么他可能会认为，在看诊时将这名病人安插在其他不知名的病人之前是合理的。

示弱引发的两种极端反应

如果你认为，人们是因为同情才一直关注、倾听、回应弱者发出的信息，那就大错特错了。我们不要把对弱者的情感反应看成是固定不变的，而是要将其看作一个连续的光谱。在光谱的一端是我们的积极情感，比如同情心和联系感，这些激励我们去帮助他人。在光谱的另一端是我们的消极情感，例如愤怒、厌恶和蔑视，这些会让我们变得冷漠，产生带有敌意的反应。一名沟通者可能引发两种极端情况中的一种，也可能同时引发两种情况，还可能居于中间位置，比如前面说到的肖恩·奥布莱恩就同时受到了鄙视厌恶和同情接纳两种极端情感的冲击。

我们的情感反应处于光谱上的哪个位置，取决于自身环境和自己的特有直觉。有时，看到一场失败并不是件令人难过的事。2018年6月27日，英国《太阳报》兴高采烈地报道了德国足球队这一英格兰队最有力竞争者在世界杯小组赛中被淘汰的消息。该报记者兴奋地写道："这是自1966年以来全英格兰球迷都在期待的神奇一刻。"可以肯定的是，那些在网络上嘲笑肖恩·奥布莱恩的人也有类似的心理状态。

在很多情况下，人们都能够自行调节同情心，钝化对受难者的积极反应，以免让自己过分深陷痛苦之中。人们也会通过对自身行为的合理化来无视那些需要帮助的弱者。比如说，富有的贝琳达女士在上班路上看到了一个无家可归的人。这个人衣衫褴褛，面露饥色，显然正处于痛苦中。他举着一块牌子，乞求人们施舍一些零钱给他。贝琳达可以在同情心的驱动下停住脚步，从包中翻出几个硬币递给他，也可以使用理性思考来抑制同情心：她无法救助所有无家可归者；这个男人可能会拿乞讨的钱去买酒或毒品；她的施舍不会解决这个男人的问题，反而可能会鼓励这个男人继续乞讨；向无家可归者救助机构捐款可能更有意义一些。这些反对意见是否合理并不重要，重要的是给了贝琳达一张不与他人发生联系的许可证，让她对自己的最终决定感到合理和满意。

这种抑制自己同情心的做法会让人们将弱势群体"非人化"。普林斯顿大学最近的一项研究表明，当人们看到那些被污名化的群体（比如瘾君子）时，大脑中负责理解他人想法的区域会减弱活动。也就是说，这群体被视为非人类的存在。此时，人们的道德感大大降低，对污名化群体表现出的不再是怜悯和同情，而是冷漠，与污名化群体之间的联系感也会直线下降。

对人类来说，将他人"非人化"有着非常重要的作用，甚至会影响到我们自身的福祉和生存。如果没有"非人化"，那么士兵会对开枪射击自己的敌人感到同情。在橄榄球场上，如果一名体重220斤、虎背熊腰的边后卫将对方进攻球员撞飞后产生同情、内疚之情，那么他多半无法成为一名优秀球员。一旦察觉到来自他人的威胁，我们就会将其"非人化"，这可以让我们采取更有效的防御或攻击行动。

有时，"非人化"也会给我们带来积极的心理影响。同情心是一把双刃剑，它对社会群体的日常互动来说至关重要，但是持有它也需要付出物质和情感代价，在某些情况下其至会造成反效果。与重病患者积极互动的医生和护士更有可能在精神上感受到巨大压力和痛苦，进而觉得自己无法胜任工作。相比之下，那些能够采取心理措施、避免与病人产生亲密关系的医护人员则可以保持更好的精神状态。

有研究发现，把病人照片贴在笔记上的做法能让医生工作起来更加勤奋认真。但是从整体来看，不管是对医护人员来说还是对病人来说，避免亲密关系都是件好事。荷兰研究人员约里斯·拉默斯和戴德里克·施塔佩尔认为，如果医生能够忽视病人的感受，他们就更有可能采取很痛苦但也更有效的治疗方法。作为一名病人，你希望医生无视你的人性化要求、采用痛苦但效果很好的治疗方式，还是希望他与你建立密切关系、采用更有爱心但效果较差的治疗方式？这体现了以客观事实为中心的思维方式和以社会联系为中心的思维方式之间的矛盾。

对待弱者的"非人化"程度，还应由这个人对自己的困境负有多大责任而定。人们普遍认为，如果弱者陷入困境是咎由自取，那就不应该给予太多同情，因为惩罚和痛苦的存在，就是为了阻止那些愚蠢的自我毁灭行为。毫不意外，对于这样的弱者，人们的关心和同情就会消失得无影无踪。

曾有这样一项神经科学研究，展示了人们看到咎由自取的受害者时内心的活动。研究人员准备了描述同一次交通事故的两个不同文本，并要求实验参与者随机阅读其一。这两个文本都告诉读者"一名男子在高速公路上发生车祸身亡"，但其中一个告诉读者"他在拐弯时有些漫不经心"，另一个告诉读者"他是四个孩子的父亲"。毫不奇怪，阅读第一个文本的人认为死者粗心大意，应该对自己的死亡负全责，不值得同情。有趣的是，研究人员收集的神经学数据表明，在将受害者判定为咎由自取时，大脑中负责同情反应的区域（左脑岛、内侧前额叶皮质和前扣带皮质）会被大脑的另一个区域（背外侧前额叶皮质）抑制。其实从本质上讲，这是大脑在避免因同情弱者造成情感消耗。因为指责受害者，无视其痛苦与悲伤，可以有效减少旁观者的同情心，从而避免因为同情而产生痛苦。

当同情心的物质成本（相对心理成本而言）过重时，也会产生"非人化"效应。2014年发表在《神经科学杂志》上的一篇论文描述了一项实验，参与者被指定担任人力资源负责人，为自己或别人的企业招聘员工并支付薪水。结果，在面对那些自己花钱雇用的员工时，实验参与者更倾向于以"非人化"方式看待对方，面对那些不是自己花钱雇用的员工时则不会这样。这是因为一旦涉及花钱，大脑中与"理解他人想法"相关的区域，其神经活动就会减少。这项发现对职场有相当重要的意义，如果雇主真的过于关注员工的经济属性，就会把员工当成商品而不是人。那么当员工出于某些原因无法继续工作时，雇主就更有可能以冷漠态度对待他们，而不是同情。

重在建立人际联系

"非人化"会让身处困境的弱者更加无助，但也有一些方法可以让弱者吸引他人。那就是强调自己与他人的共同点——换句话说，建立人际联系。

有研究表明，围观者如果与紧急事件中的受难者有相同或相似之处，就更有可能伸出援助之手。就像差异会导致群体间的敌对一样，小小的相似点也会产生强大的积极影响。兰卡斯特大学进行了一项实验，研究人员先邀请一群曼联球迷填写了一份关于曼联球队的调查问卷，接着要求他们一次一个按顺序走到另一栋楼进行下一个项目。途中，一名慢跑者忽然摔倒在离实验参与者不远的地方。当然慢跑者是一位演员，受伤倒地也是假扮的。在第一个场景中，慢跑者穿了一件普通白衬衫；在第二个场景中，慢跑者穿着曼联球衣；在第三个场景中，慢跑者穿着曼联死敌利物浦队的球衣。结果显示，当慢跑者穿着曼联球衣时，85%的曼联球迷会停下来提供帮助；但当慢跑者穿着白衬衫或利物浦队的球衣时，只有30%的人会停下来提供帮助。在所有场景中信息都是相同的——我摔倒了，请帮帮我。

不同之处在于，围观者与处于困境的弱者之间是否有所联系。这项研究说明，强调竞争和差异会激发群体之间的敌意。

这项研究还有后续。研究人员在问卷调查阶段没有询问参与者支持哪支球队，而是问他们最喜欢自己身为曼联支持者的哪一个特点。那些认真思考自己对足球的喜爱并将关注点集中在分享而不是对抗上的球迷，在遇到受伤的慢跑者时更有可能停下来提供帮助，即使对方是死敌球队的球迷也一样。

另一种减弱"非人化"负面影响的方式是邀请人们与目标群体进行互动，或者简单地闭眼想象一下自己属于另一个群体会是什么感觉。研究表明，即使是两个敌对群体，只要进行频繁且愉快的互动，也会增加彼此间的信任和同理心。

鼓励人们关注弱者的人性特征也可以有效减少"非人化"行为。在一项研究中，研究人员拉萨纳·哈里斯和苏珊·费斯克向实验参与者展示了一组流浪汉和吸毒者的照片，参与者们全都露出了厌恶的表情。对参与者的脑部扫描显示，在看到这些照片时，脑部思考他人想法的区域活动大幅减弱。简而言之，实验参与者将这些人"非人化"了。但是，如果在参与者查看照片时问他"你觉得这个人喜欢胡萝卜吗"，那么之前大脑中沉寂的区域就会活跃起来，也就是说，参与者开始将照片中的人"当成人类"看待了。

参与一项必须对弱者的处境进行认真思考的任务，会让参加者以更人性化的角度去看待处于困境中的人。这意味着，弱势群体服务机构不仅要重视救助的实际措施，还要强调弱势群体与普通公众共有的人性特征。

示弱可以唤起同情、内疚或类似的情感，从而增强人与人之间的联系感。正是这些情感（无论是单独出现，还是混杂在一起）促使人们响应公益请求，帮助像"跳舞男"肖恩·奥布莱恩这样的受难者。当人们知道自己的行为会对其他生物造成伤害时，联系感会阻止行为的继续发生，比如那些"小猪宝贝素食者"。联系感可以让员工们自动提出减薪，帮助老板和企业渡过难关，可以让选秀节目的选手获得更多支持，甚至可以让人们让出自己的排队位置。

但脆弱并不是一条单行道，有请求者，就会有帮助者。这一章的讲述重点是请求者，对于这些人，我们可能会倾听，也可能不会。下一章的重点则是帮助者，也就是我们表露脆弱的对象——那些可信的人。

第七章

可信

可信让影响力更持久

不同群体之间需要信任。合作是信任的持续产物，依靠信任与合作，个人、团体和国家才能实现那些仅靠单打独斗无法达成的伟大成就。那么，信任到底是什么呢？

　　产生信任的原因有很多，或许因为对方的志向目标与我们一致，或许因为对方过去一直很忠诚，或许因为对方的行为正直，或许因为对方容易被看透，或许因为对方重视契约精神……信任反映了我们对他人行为和意图的预期，意味着我们对他人的未来表现充满信心。

　　信任有两种主要形式：基于能力的信任和基于正直的信任。前一种信任的核心是对能力的信心，这种信心主要来自对他人过去表现的了解和对其未来行动的准确预测。比如在球场上，有些球员不管在什么情况下都能稳稳接住球，因此被称为"安全之手"，这一称呼就体现了人们对其能力的肯定。后一种信任的核心是对道德感的信心，也就是说你相信某人可以抵挡住诱惑、遵守社会规则和道德规范。

前一章分析了"示弱"这一特质，运用这种特质的沟通者是冒着降低社会地位的风险让人们听到自己的声音。在本章中，依靠可信性传递信息的沟通者，就是让别人在自己身上下赌注。一旦被发现辜负信任或者背叛诺言，他们就会承受深远的、甚至是灾难性的后果。

信任游戏的规则

如果不同社会群体想要通过合作获得成功，那么信任是必不可少的，信任游戏就证明了这一点。这是一种由行为科学家设计的实验，共有两位参与者。第一位参与者持有一定资金，他要考虑是否分一些钱给另一位参与者，如果给的话，数目是多少。他知道对方会用这些钱做投资，收益是本金的三倍，但不知道对方是否会归还本金，所以必须对投资对象的可信性做出判断。虽然被投资的参与者可以用自己的说服力施加影响，但投资者还是要凭借自己的微弱了解，在所知甚少的情况下做出判断。很明显，在这种情况下，缺乏信任会让游戏彻底失败，如果双方能够彼此信任，则会获得双赢的结局。

同样的原则也适用于日常生活。你帮助了同事，如果对方会在恰当时机还你这份人情，那么双方都能得到好处。你借钱给朋友，如果他按时还钱，你们的友谊就能持续下去，这种金钱上的互助也能持续下去；反之，友谊就会出现裂痕，你也不会再借钱给他。如果缺乏信任，那么不管是商品交易还是人际互动，都会以失败告终。

在大部分情况下，人们都应该信任他人，这是一种强制性的社会规范。由于这种规范的制约，社会总体的信任程度能够维持在一定水平上，所以公开表示对陌生人的不信任会带来一定的社会风险。比如，你在深夜抵达一个陌生国家，在坐上一辆出租车后用怀疑的眼光打量着司机，这种做法或许可以理解，但对方很难接受。通常来讲，不信任的眼神会被当作侮辱的表现，非但不能保护你，反而会带来麻烦。甚至有人说，拒绝相信陌生人是没有道德感的表现。所以，信任陌生人是一种社会公认的规范，做出信任举动能得到道德上的赞同。

在一项全球性调查中，研究人员提出了一个问题："通常来讲，在与周围人打交道时，你会认为大部分人都可以信任，还是说越小心越好？"结果证明，给出较多积极答案的国家，在主观幸福感方面的排名更高，其民众愿意与人合作，愿意参加志愿活动。

这些研究表明，我们对他人的信任程度不仅受到个人经历的影响，还与所处的社会环境密切相关。在信任度较高的社会环境中，人们更倾向于合作，对被欺骗或背叛的担忧更少，因为他们认为身边的人都会信守诺言。一旦出现动摇信任的社会事件（例如水门事件、安然公司事件、2007年至2008年的金融危机），社会整体的信任水平就会降低。信息受众及其所属社会的信任水平越高，就越容易展开合作，这对沟通者来说至关重要。不管一位沟通者的地位身份如何、与受众的联系程度是否紧密、信息本身是否可靠，信息传递的效果都会受到受众整体信任水平的影响。不难看出，上述几起丑闻之后，不少人都形成了"所有政界和商界人士都是伪君子"的观念，认为这些败类已经被金钱和利益蒙蔽双眼，为达目的不惜违背所有道德准则。信任对社会顺利运转十分重要，但也很容易破坏社会的运转秩序。

2009年，著名高尔夫球手泰格·伍兹的丑闻就说明了信任问题带来的严重后果。事发前的伍兹备受各界赞赏，事业如日中天。在他代言耐克高尔夫球后的18个月里，耐克的市场份额从1.5%猛增至6.6%。据估计在代言的10年中，伍兹帮助耐克多卖出了近1000万个高尔夫球。正因为双方关系密切，所以当伍兹丑闻的报道出现后，耐克的销售量也出现了大幅滑坡。事情发生不到一个月，加州大学的两名经济学家已经估算出伍兹丑闻给包括耐克在内的各代言企业股东们带来的损失，竟高达50

亿美元。但令人吃惊的是，伍兹丑闻的影响范围并不仅限于他所代言的品牌。在接下来的几个月里，其他与伍兹没有任何关系的高尔夫球品牌也出现了销量下降的情况。这种情况并不是个案，当丑闻爆发时受害的不仅仅是当事人代言的品牌，整个行业都会被殃及。例如2007至2008年的金融危机，就是因为几家银行的不道德行为，让整个银行业都蒙受了声誉上的巨大损失。一旦信任消失，怀疑的乌云将遍布整个天空。

用信任模型评估可信性

那么，我们要怎样决定是否应该信任他人呢？有人将信任看作一种冒险，一种把筹码押在他人未来行为上的赌博。学者们则将信任看作对风险和收益的计算结果，信任与否要由在信任游戏基础上建立的博弈论决定。信任博弈论涉及的变量很少，但是每个变量都难以估测。首先，要估计信任行为给自身带来的潜在收益，以及不信任行为带来的潜在损失。其次，要考虑对方在诚信和不诚信情况卜的收益和损失，并以此为基础试着评估对方目前的可信性。最后，要做一些运算和比较：将对方值得信任的可能性乘以我方从合作中获得的利益，将对方背叛的可能性乘以我方在这种情况下可能遭受的损失，计算信任行为的整体收益与损失，并与不信任行为的整体收益与损失进行比较。

你的选择＼对方的选择	回报你的信任	背叛你的信任
信任	收益 × 回报的可能性	收益 × 背叛的可能性
不信任	你选择不信任之后的收益与损失	

在乔治·R.R.马丁的史诗巨著《权力的游戏》中有一段关于信任的剧情。现在请把你自己带入其中，来理解一下这个公式。

你是领主艾德·奈德·史塔克，效忠于国王劳勃·拜拉席恩，并被他从北地召唤到王城担任御前首相一职。你南下到达王城后开始着手调查一起谋杀案，并得到财政大臣培提尔·贝里席公爵的帮助——他还有个外号叫"小指头"。但自从"小指头"向你的妻子示爱后，你就不再完全信任他了。

随着调查的继续，你发现王后对国王有不忠行为——她与自己的双胞胎弟弟乱伦生下了孩子。这意味着没有一个孩子可以继承王位，现在只有国王的弟弟史坦尼斯·拜拉席恩才是王位的合法继承者。

然而，在你向国王通报这一消息之前，国王因为一场神秘的狩猎事故而离世。如果此时你不站出来主持正义，王冠就要被王后的乱伦之子抢占。于是你设定了一个计划：拉拢王国的执法单位——都城守备队，制服王后的卫士，把王后和她的孩子们都关押起来。但要做到这一点，你需要说服"小指头"去贿赂都城守备队，让他们支持你而不是女王。你面临的问题是：信任"小指头"并由他执行这一关键行动，还是以他之前向你的妻子示爱的不光彩行为为鉴，断定他可能再次背叛你。

你应该怎么做呢？让我们通过信任模型来做出决定。

首先，我们看一下信任"小指头"可能出现的三种结果："小指头"遵照你的要求，成功贿赂都城守备队，协助你逮捕王后和她的孩子们；"小指头"背叛你，站在王后一边；整个行动可能引发其他计划外的事情。

然后，我们看看如果不信任"小指头"，可能出现的三种结果：你可以绕过"小指头"，亲自去说服都城守备队；你可以返回北方，到你的女儿和手下身边，然后和真正的王位继承人史坦尼斯·拜拉席恩联手反抗王后；你可以发誓效忠新国王（王后的长子），哪怕他并不是王位的合法继承人。

显然，信任"小指头"的潜在收益和损失都很高，因此你需要进入信任模型的第二阶段——估算双赢的可能性。

"小指头"诚信行事的概率有多高？他背叛你的可能性有多大？为了获得更准确的答案，你需要用一点儿"读心术"，思考一下"小指头"的信任模型：他最想要什么？如果和你合作，他会得到什么或失去什么？如果背叛你，情况又会如何？

这里的问题是，与评估自身动机相比，评估他人动机真的不太容易。"小指头"曾建议你放弃这一计划，所以你推测他的正义感并不是那么强，不像你一样坚持让合法继承人登上王位。你也不知道"小指头"是不是一个信守诺言的人，他看起来并不介意撒谎，似乎缺乏荣誉感。你还知道背叛你会为"小指头"带来巨大收益，因为一旦王后和她的儿子掌权，他们很可能为了还"小指头"一份人情而将你除掉，这样"小指头"就可以占有你的妻子。

奈德·史塔克最终的悲惨命运完全是由他一系列误算造成的。他错误地认为每个人都和他一样重视荣誉、正直和法律，错误地认为"小指头"会只是为了做"正确的事情"而与他合作，还错误地判断了"小指头"和自己的关系。最终，因为信任了一个不值得信任的人，史塔克付出了生命的代价。

哪种沟通者最可信

一旦意识到沟通者言行不一，人们接触相关信息时就会变得更加谨慎。第一章中笔者提到过，名人代言产品可能产生事与愿违的效果：消费者们会认为，名人赞美产品是为了获得报酬，所以这种代言不值得相信。但精明的广告人都知道，只需小小手段就可以掩盖这种自利动机：请名人使用产品而不是为产品代言，这样的广告会更加成功。在很多情况下，动机是可以被隐藏的，正如"小指头"所说："没有动机就不会被怀疑，就可以让敌人一直处于困惑中。如果他们不知道你是谁，不知道你想要什么，他们就无法知道你的下一步行动。"

解读他人动机非常困难，所以在决定信任与否之前，应该评估一个人的个性品质，而不是量化其在特定环境下值得信任的可能性。本来，我们想知道的是"这个人的可信度是多少"，但在现实生活中，我们会用一个更简单的问题来替代——"我对这个人的性格和品质感觉如何"。要回答第一个问题，就必须思考一些并不明确的因素，并以此为基础进行权衡；但回答第二个问题时，我们就能直接进入每天都在进行的、简单的瞬时判断。

世界上有三种沟通者，第一种是不会被诱惑的人，第二种是可能会受到诱惑但能够通过自身的道德感和忠诚感克服诱惑的人，第三种是忠诚与否取决于手上有多少种选择的人。前两种沟通者都有让人失望的可能，但是第三种背叛的可能性最大，因为他们心中没有正直诚信，没有保持忠诚的想法。

所以说，"忠诚取决于手上有多少种选择"型沟通者最不值得信任，那么另外两种中哪一个更值得信任呢？战胜诱惑的沟通者？还是从一开始就不会被诱惑的沟通者？很多人认为不受诱惑的沟通者更值得信任，因为他们心地单纯，觉得现有的就是最好的，所以没有接受其他选择的必要。但是问题在于，当背叛能带来可观奖励时，这种人会如何行动？耶鲁大学心理学家克里斯蒂娜·斯塔曼斯和保罗·布鲁姆发现，人们往往认为那些经历过内心冲突并最终克服诱惑的人具有更强大的道德力量。但事情并没有这么简单，人际关系研究表明，最值得信任的男性伴侣不是那些能够战胜诱惑的人，而是那些从一开始就没有经历过诱惑的人，这种人与伴侣的联系已经十分紧密，因此不会再关注其他异性。与那些流连花丛的花花公子相比，这些人出轨的可能性要低近50%。

表里如一很重要

当判断某人的可信性时，人们倾向于对其个性进行大体评估，而不是采用更复杂的信任模型，这也是我们将沟通者分为以上三类的原因。从理论上讲，我们应该以一个人的外部和内部动机为核心来搜集信息，并衡量彼此的损益，进而做出是否信任对方的决定。但在现实生活中，人们的决策往往基于整体印象，所以决策过程大大简化了。

认为一个人坦率真实与认为这个人可信是两码事："坦率真实"是基于事实的，需要评估已有证据和可能性；"可信"则基于人际关系，它依赖于更广泛、更模糊的评估。

对沟通者而言，在某些情况下"可信"比"坦率真实"重要得多。换句话说，如果沟通者能保持自己的核心原则始终一致，就会让信息受众感到可信和安心。

比如有的领导者，虽然经常发表虚假或误导性言论，但永远不违背自己的核心原则，努力兑现自己作为领导者曾许下的大部分承诺，那么其核心粉丝群就会认为他是可信的。也有可能他的某些误导性言论反而会被视作对社会规范、合作、妥协，以及所谓"政治正确"的无视，是一种敢作敢为的表现。这样一来，就算竞争对手认为他反复无常、粗鲁、冲动，支持者们反而会为他的粗鲁态度欢呼。因为他们知道这位领导者代表的是什么，并且其所代表的恰好是粉丝们所信仰的。

研究证实，那些从一开始就遵守特定群体规则的人会为自己赢得"群体信用"，在事态紧急时，这些信用可以被用于弥补错误行为造成的损失。如果群体信用积累得足够多，沟通者甚至可以借此推动重大变革——哪怕这些领域与人们一开始关注他的原因毫无关系。

一旦个人出现不恰当行为，人们就会丧失对整个集体的信任，但沟通者甚至可以保留一定的信任联系，从而改变公众们对"恰当行为"的定义。比如前面例子中的管理者，如果他有某种不甚严重的道德瑕疵，那么其支持者对这种瑕疵的容忍度会慢慢提高。粉丝对道德问题的看法似乎是有弹性的，可以根据偶像的性格和受欢迎程度来调整。古罗马作家普布里乌斯·西鲁斯说过："信任，就像灵魂一样，一旦失去就永远不会再回来。"但是他没说信任不可以变化。正如哈佛大学研究员马克斯·巴泽曼和弗朗西斯卡·吉诺研究证明，随着不道德行为越来越正常化，对不道德行为的批评也在逐渐减少。一旦失去了批评的声音，沉默就会被解读为赞同，进一步鼓励不道德行为的出现。

当不当行为的证据十分模糊时，核心原则的一致性可以起到决定性影响作用。心理学家丹尼尔·埃夫隆和伯努瓦·莫宁曾做过一个实验。他们虚构了一位名叫哈钦森的经理，此人被指控性骚扰。哈钦森曾邀请一位女下属共进晚餐并讨论她的晋升问题。据女下属说，哈钦森曾暗示双方可以有进一步的亲密接触，并称这有助于其升职，但遭到拒绝，于是就把升职机会给了另一位同事。但据哈钦森本人说，这顿晚餐是一次非正式但严格的专业面试，是那位女士误解了。他还说自己也邀请过其他候选人共进晚餐，并最终确定了心目中的最佳人选。最后，埃夫隆和莫宁在这个故事中加入了一个微妙的转折：一组实验参与者收到一条额外信息，哈钦森通过实施反性骚扰政策，成功地减少了公司内的性骚扰事件，另一组实验参与者则没有收到这条信息。

最后发表观点时，收到额外信息的实验参与者拒绝相信哈钦森有罪，原因很简单，这个案件与他们了解的人物性格不符。而那些不知道额外信息的实验参与者，则倾向于认定哈钦森有罪。哈钦森的反性骚扰行动对自己是有利的，因为在证据模棱两可的情况下，人们看到的是他的辩词与人品的一致性，而不是前后行为的不一致。

出于同样的原因，很多恶性性侵案件往往要等很长时间才能浮出水面，拉里·纳萨尔案就是一个很好的例子。纳萨尔曾在美国体操协会做了20多年的骨科医师。他十分受人信任，甚至当《印第安纳波利斯星报》公开一名原体操运动员和一名匿名受害者对他的指控时，几乎所有人（包括被性侵女孩们的父母）都不相信纳萨尔会犯下这样的罪行。纳萨尔已经积累了庞大的信誉储备，对周围人来说他当然是可信的。女孩们的父母会被告知，纳萨尔是这个行业中最优秀的医生，总是能够准确地找到女孩们的病痛根源，并以最恰当的方式帮助她们治疗，女孩们称之为"拉里的魔法"。

纳萨尔深受信任，不仅因为超强的医术，还因为"正直"的品质。他总是将他人的需求放在第一位，并以此建立起良好声誉。"无论什么时间、什么天气，只要你们呼唤我，我就会立刻出现，为你们的女儿提供治疗。"他总是这样告诉女孩们的父母，也的的确确是这样做的。每当朋友遇到困难时，纳萨尔总是会以最快速度出现并提供帮助。他会帮助邻居铲雪，帮忙把急病患者送进医院，总之看起来是个值得信任的人。但实际上，他一直在医疗行为的伪装下对女孩们进行性侵。

所以当第一次被指控时，很多人都不相信受害者们的证词，因为这些指控与他们对纳萨尔的了解完全相反。直到警察从纳萨尔的硬盘中找到确凿证据，人们才开始倾听这些不一样的信息。纳萨尔以前的所有行为都给人留下了非常深刻的可信印象，以至于需要无可辩驳的证据才能动摇周围人对他的认知和看法。

建立信任

核心原则的一致性是可信性的核心，原因很简单：它可以帮助我们预测一个人的未来行为。如果我们与他人进行重复、一致、积极的互动，彼此间就会建立信任。

斯坦福商学院的学者弗兰克·弗林对某电信公司161名工程师的社交互动进行了调查研究。调查和绩效记录显示，那些与同事保持平等、互惠交流的员工不仅工作效率最高，在同事眼中的可信性也最高。互惠交流行为带来了各种有形和无形的利益,比如更多的合作、更棒的业绩和更深层次的信任。弗林认为,可信性最高的员工在未来工作中会有更多的回旋空间,因为人们信任他们,更愿意听从并帮助他们。

超市和在线购物平台也存在类似效应。比如,很多顾客都会根据以往收到过的广告,预测未来广告信息的可信性。著名购物平台亿贝网(eBay)声称60%的用户购物后都会留下评价,有学者在研究这些评价后发现,买家给出的好评会给卖家带来两大好处。第一,阅读商品好评后,潜在顾客下单购买的概率会更高;第二,卖家的良好信誉可以帮助提高其商品的价格。

该研究显示,如果一家在线零售商的好评数是其竞争对手的两倍,那么其二手手机的售价可以提高0.35%,新手机的售价可以提高0.55%。乍一看,提升幅度似乎不大,但这只是众多卖家的平均值,其中既包括大型公司也包括个体经营者。当人们进行网络购物时,所有商家发出的信息都是相同的——来买手机吧。此时影响购物决策的不仅仅是价格,还有可信性,消费者会考虑商家售卖的是正品还是冒牌货,所以大量好评的确具有经济价值。这也证明了在线信用系统的可行性,从本质上讲,这是一套鼓励诚信经营的强大激励机制。

当然,并不是所有购物评价的权重都一样。假设一家在线商家有6个5星评价、2个4星评价和2个1星评价,均分4.5星。从平均分值的角度看似乎不错,但与5星和4星评价相比,这2

个1星评价对潜在顾客的影响更大。原因很简单：差评更能引起人们的关注和使用联想。大部分人都有过这样的经历：在阅读了一条差评之后，即使后面跟了无数条好评，也会立刻放弃正在浏览的商品。这一现象说明，保持长期可信性非常重要。信任就像一个脆弱的花瓶，建立和维护都需要相当长的时间，但一个粗心的举动就可以在瞬间将它摧毁。

人际关系也是如此。人们都讨厌背信行为，它不仅会引发强烈的负面情绪，还会给人际关系造成无法修复的裂痕。与偶然失误造成的损失相比，人们更在意背叛造成的损失。前文说过，社会强制性规范能让人们感觉自己有义务相信他人，即使这样做并不符合自身实际利益。但是对背叛的恐惧会产生巨大的负面影响，让人们互相怀疑、猜测，阻碍信任的建立。

对陌生人的信任评估

通过以往的行为来衡量未来的可信性，这种做法在评估公众人物、朋友、同事和在线商家时当然非常有用。但如果和某人第一次见面，要如何衡量对方的可信性呢？答案是，依赖一些非常粗糙的现成信号。

最关键的信号就是彼此间的联系。如果能先建立沟通渠道再提出要求，那么让陌生人与你合作的机会就会大大增加。从与陌生人见面的第一刻开始，我们就在寻找关于对方的线索。他看起来是友善还是可疑？他是否符合我心中守信的人物形象？如果可以获得一些积极信息，我们就会对接下来的互动持更积极的态度，哪怕这些信息与我们对这个人的最初印象并不相符。大多数情况下，只要有交流，我们就能感觉到人际联系，因为可以体验到共通的人性。如果这种交流是面对面的就更好了，据估计，与书面交流相比，口头交流的效率要高出两至三倍。一旦看到对方的脸或听到他的声音，沟通对象就不再是一个抽象的名字，而是一个真实的人。所以，要学会放下电子邮件、拿起电话，这会让人际关系发展更加迅速。

面对面交流也会触发人类从外表推测性格的本能。跟本书前面讲过的支配力和能力一样，具备可信性的沟通者也有自己独特的面部特征。心理学家以实验参与者对他人的可信性评分为基础，通过计算机建立了相关人脸模型。结果显示，可信性低的脸看起来带着愤怒，而可信性高的脸看上去很开心。即使脸上没有表情（即自然表情），这一判断标准也会成立。如果你足够幸运，有一个快乐的自然表情，那么人们就会觉得你值得信任。如果你不幸有一个愤怒的自然表情，无论多么轻微，人们都会觉得你不值得信任。

一个人看起来是否快乐，似乎与其可信性没有任何关系。

其实，人们看重的似乎是"平易近人"这个特质。如果对方看起来很开心，那么和他在一起就会更安全，进而建立起信任感。如果对方看起来很生气，我们就会更加小心谨慎，信任感因此而降低。研究人员发现，在信任游戏中被指派为"委托人"的实验参与者，通常会给拥有"可信相貌"的投资者更多钱。研究表明，在现实世界中，一个人相貌的可信性越高，在获得贷款时的成功率就越高。其实，金融机构可以轻松获得一大堆和贷款相关的借贷者个人信息，如信用历史、债务收入比、收入和就业情况等，但他们似乎对"可信相貌"情有独钟。

这种判断可信性的方法确实有点儿简单粗暴，但事实如此。从整体上讲，人们更喜欢易于处理的线索。要弄清他人的真实动机非常困难，甚至不可能；但根据他人的相貌进行可信性评估则要简单得多，也容易得多。毕竟在现实生活中，我们每天都在使用相貌特征来推断他人的想法和心情。众所周知，大部分人并不善于判断真话与谎言，可是在生活中又经常要做这样的判断。同理，大部分人对可信性的评估其实也很不准确，还是会根据相貌进行这种推断。

随着与一个人相处的时间越来越长，我们会逐渐依赖其他基于直觉的线索来形成对可信性的判断，比如对这个人的感觉。与单一的相貌特征判断相比，人类的情感反应似乎更加可靠。有研究人员针对这一点，做过一项以小组形式进行的实验。每个小组都由两名刚刚认识不久的女性组成，她们先观看了一部展示广岛和长崎原子弹爆炸惨状的电影，之后互相交流自己的想法。每组中都有一名参与者被告知不要表露任何情感，另一名参与者则对此毫不知情。在电影放映完毕后，研究人员开始观察参与者们的讨论，并发现了两个不同寻常的情况。第一，被要求压抑情感的一方血压开始升高，这很好理解；第二，毫不知情的一方血压也开始升高，因为她们凭直觉知道对方正在隐瞒什么，同时其身体也对这种明显的不信任感做出了反应。

我们都有过这种经历：一旦发现某人的语言和情感信号不一致，就会产生不对劲的感觉，这种感觉会引发身体和神经层面的反应。在另一项研究中，参与者被安置在正电子发射断层扫描仪（PET）中，皮肤通过电线与电导记录器连在一起。然后，他们要观看一位演员以第一人称视角讲述一个悲伤故事和一个普通故事。演员的表情和故事内容有时一致，有时不一致。研究人员发现，当演员的叙述与表情不一致时，实验参与者的皮肤电导反应会明显增强，大脑中处理社会冲突的相关区域也会出现明显活动。换句话说，他们的身体意识到了不对劲。当然，这种感觉无法作为精准的测谎工具来使用，但是对日常生活来说已经足够了。

坦承缺点，也能增加可信性

在判断某人的可信性时，我们不仅会受到相貌的影响，还会受到其说话方式的影响。例如，如果有人在展示优点前先暴露出一些缺点，我们就更可能认为他是可信的，他根本不用说"这肯定会很棒""这无疑是最好的想法""从来没有人做得比这更好"这类套话来解除我们的心防。就像那些通过承认不确定性来赢得信任的专家一样，坦承弱点也会增加沟通者的可信性。

有些辩护律师会在自身弱点被对方律师指出之前先行承认，这种律师的胜率通常也很高。有的公众人物在演讲开始时会先发表一番肯定对手的言辞，这反而会提高他们自己的可信性。如果广告商可以在夸赞产品优点之前先指出其中的一个小缺点，那么产品的销量就会大幅增长，在用户已经意识到这一缺点时尤其奏效。同样，"我不想对你撒谎""我不想抱怨，但是""我要诚实地说"之类的说辞都可以非常有效地提高可信性。这种表达方式被称为"不讨喜提示"，其作用是通过怀疑或否定的语气展示真诚，进而保持信息受众对沟通者的喜爱和信任。这种表达方式还可以影响信息受众的后续反应，例如，与普通商品差评相比，"不讨喜提示"类差评对后续消费者购买意愿的伤害会更小。

信任可以重建

当沟通者的可信性受到质疑时，可用的应对方式有很多。

第一种是彻底否认。这种策略的风险很大，如果有确凿证据证明沟通者在说谎，那么他就要承受巨大的信誉损失。

第二种是寻找正当理由或借口。社会学家马文·斯科特和斯坦福·莱曼指出了理由和借口的区别：理由用于一个人承认自己应该对某事负责、但否认自己的行为不道德时，例如一名士兵在战争中杀死了一名敌人。借口用于一个人承认自己的行为不道德、但否认自己对该事负有责任时，例如一名士兵杀死了一名平民，但辩称自己只是遵从命令。

最后一种是道歉。当沟通者对破坏性结果负有责任时，道歉通常被认为是最恰当、最道德、最成熟的应对行为。道歉可以减轻错误行为引发的负面反应，重建社会联系和合作关系。研究发现，消费者更愿意原谅那些公开道歉并承担全部责任的公司，而不是那些试图推卸责任的公司。当然，对道歉一方来说这么做是有风险的，因为道歉本身就是承认自己的过错。如果一个人做出过度道歉，那么他在因坦诚受到赞赏的同时，也可能因自己承认的错误受到过分严厉的批评。即便如此，道歉仍是一个非常有力的工具，前提是要遵守三条基本原则：第一，要快；第二，要真诚；第三，要表达悔意，并承诺做出改变。

迅速道歉有助于消除愤怒、沮丧的情绪和事态中的不安定因素。如果你有过被困机场，但工作人员对此一言不发的经历，就会明白迅速道歉的重要性。但在道歉之前，工作人员要先对事态有一个准确评估。在航班延误时，如果工作人员能迅速道歉并提供充分、具体的理由，那么道歉通常会被接受。而那些仓促发出、大而空洞的道歉则往往无济于事。比如，飞机出现机械故障时，工作人员先向乘客解释问题所在，再提出相应解决措施，就能得到谅解。即使在事实还不完全清楚的情况下，第一时间道歉也比什么都不说要好得多："大家好，航班延误了，我们对此非常抱歉。目前我们还不完全清楚延误的原因，但请放心，我们正在尽最大努力进行排查，让大家尽快踏上旅程，并避免相同问题再次发生。"

2014年，脸书的糟糕公关就是典型的反面案例。那一年，这家社交媒体巨头为了研究更多的正面或负面新闻是否会促使用户发布更多正面或负面的帖子，而对近70万名用户的新闻推送进行了为期一周的人为操控。该研究不仅证实了"情绪感染"这个概念，其研究成果还发表在顶级科学期刊上。脸书公司觉得这样做可以加深对用户的理解，对用户来说也是一件好事，但这件"好事"很快演变成了一场公关风暴。当发现自己被社交媒体平台操控时，脸书用户们发出了强烈抗议，因为他们每天都在使用这个平台，而且一直抱有很大的信任。

脸书公司首席执行官马克·扎克伯格直到事发快一周时，才开始公开谈论此事，并且给出的是"在研究过程中疏于沟通"的无力说辞。更糟糕的是，脸书随后发出一份措辞谨慎的声明，辩称用户签署的9000字协议中已经"假定同意"脸书的此类行为。几个月后，另一份毫无诚意的声明出炉，称"我们对用户的这种反应毫无准备""有些事情我们应该采取不同的做法"，而"对不起"这个关键词并没有出现。

脸书十分幸运，这件事很快就被人们遗忘，毕竟现代世界的节奏太快了。然而警告信号已经出现：当滥用个人数据的行为出现时，公众会产生强烈的不安情绪。这是非常宝贵的教训，脸书本应该针对此类情况做好预防措施，避免日后重蹈覆辙。但是，这家公司跟所有公众一样遗忘了这一事件，于是四年后，他们付出了沉重的代价。

2018年，一个叫克里斯托弗·怀利的人向英国《观察家报》透露，英国一家叫作剑桥分析的咨询公司盗用了多达5000万脸书用户的资料。最令用户愤怒的是，据怀利所说，脸书不仅允许该咨询公司从同意参加调查的用户那里收集数据，还允许他们从这些用户的亲朋好友那里收集数据。剑桥分析公司以几十万同意将自己数据用于"学术研究"的脸书用户为基础，建立起了一个复杂模型，然后继续从这些脸书用户的数千万好友那里挖掘数据。据称，这些数据随后都被出售了。"他们通过脸书收集了数千万人的资料，建立模型，进行分析，然后再利用研究结果诱惑他们心中的恶魔。这是整个公司赖以生存的基础。"克里斯托弗·怀利这样告诉《观察家报》。

然而，直到消息传出五天后，马克·扎克伯格才姗姗来迟地发表了声明。迫使他站出来的似乎是越来越多的证据和越来越强烈的公众愤怒，而不是对错误的悔恨。扎克伯格在声明中写道："我们有责任保护你们的数据，如果做不到，我们就不配为你们服务……我一直在努力弄清到底发生了什么，以及如何确保这种事情不会再发生。好消息是，我们多年前就已经采取了最重要的行动来防止这种情况重演。但我们也犯了错误，还有更多的事情要做，我们需要加快步伐去做。"

这一次，扎克伯格依旧没有道歉。脸书非但未能保护用户数据，甚至连个有实质性内容的解释都没有。在很长一段时间里，脸书拒绝称这次事件为"数据泄露"，而是像2014年一样，用"假定同意"这一论点为自己辩护。最终，脸书因缺乏透明度和未能保护用户信息而被罚款50万英镑，这是法律允许下的最高罚款金额。英国信息专员伊丽莎白·德纳姆说："脸书未能按照《数据保护法案》的要求为用户提供保护。"其实，脸书还是幸运地逃过了一场劫难。如果新的欧盟《一般数据保护法案》（General Data Protection Regulation，简称GDPR）能在2018年4月生效，那么对脸书的罚款金额可能高达19亿美元，占其全球收入的4%。

不过，再巨额的罚款也无法与信誉损失相比。2018年7月，脸书的股价下跌了18%，其损失约为1190亿美元。这是股票历史上最惨烈的大跌。

值得注意的是，在信任危机的余波中，脸书投入了巨额资金在"道歉广告"上。同样值得注意的是，相当大一部分资金被用在了那些因社交媒体的兴起而日渐衰落的老式媒体平台上：电视、报纸、杂志、户外广告牌、公交车和火车上的广告位。从亚特兰大到阿姆斯特丹，从伦敦到洛杉矶，从圣彼得堡到悉尼，到处可见"脸书正在改变"的口号。

广告称："从现在开始，脸书将采取更多措施保护用户数据安全和隐私。"

嗯，他们当然会这么说，不是吗？

信任预期

沃顿商学院教授马利斯·施韦泽、哥伦比亚大学教授亚当·加林斯基和哈佛商学院教授艾莉森·伍德·布鲁克斯的联合研究证明，"承诺改变"是有效道歉的最关键因素。他们写道："道歉应该与'旧我'拉开距离，并建立一个不会再犯相同错误的'新我'。"这样的承诺具有强大的说服力。但是，这种改变值得相信吗？

施韦泽教授和伍德·布鲁克斯教授组织了一场信任游戏，结果表明：道歉是否有效很大程度上取决于道歉接收者在收到道歉时的心态。在这个游戏中，扮演委托人角色的参与者先将一定数额的金钱交给投资者以换取回报。然而，他们很快就发现投资者欺骗了自己：有人在第一轮游戏结束时就没有获得任何回报，也有人虽然在第一轮获得了回报，到第二轮时却血本无归。不出所料，委托人对投资者的信任迅速瓦解。在第二轮之后，只有6%的委托人愿意再次冒险交出手中的现金。

但在第三轮游戏之后，委托人们收到了一条来自投资者的信息："对不起，我的交易决策十分糟糕。但我可以改变，现在我就把钱还给你。"从此刻起，投资者开始兑现承诺并持续返还资金，双方的信任也开始恢复。然而有趣的是，并不是所有信任都能恢复。在进行信任游戏之前，所有扮演投资人的参与者都要阅读一篇文章，其中一组阅读内容的大意是"一个人的性格就像一块石头，永远不会改变"，另一组阅读内容的大意是"一个人的性格并非固定不变，它会随着新的经历和决定逐渐改变"。在游戏的最后一轮，前一组中只有38%的人愿意再次进行投资，而后一组中有53%的人愿意相信那些悔过的投资者。

江山易改，禀性难移，这是真的吗？答案是"不一定"。但只有受骗者相信改变可以发生时，禀性才能改变。如果受骗者认为人的性格是固定不变的，他们就不会给予犯错者改变的机会。不过在最极端的信任崩溃案例中，仅仅道歉是不管用的，只能从头开始重新建立信任，这是个缓慢而透明的过程。

第八章

魅力
最高层次的影响力

约翰·马克斯是一位充满魅力的94岁老人。他的父亲是犹太人，曾开过一间酒吧。马克斯能生动地讲起小时候的事：父亲如何在伦敦郊区艰苦地经营着酒吧，母亲罗丝如何辛勤地操劳家事。他成长在一个喧闹的、充满热情与爱的地方：酒吧内总是挤满人，酒吧外的花园里则有狗、鹅、鸡、兔子和山羊来回穿梭。那些衣着寒酸、赤脚奔跑的当地孩子十分喜欢这些小动物。马克斯一家常常邀请这些孩子共进晚餐，这可能是他们一周中吃的最好的一顿了。

　　"二战"期间，德军的轰炸摧毁了伦敦的大片地区，伦敦的孩子们都被送到了远离战火的乡下。但正处在叛逆期的马克斯逃离了乡村，宁愿回到伦敦和父母待在一起。也许是深受家庭温情的影响，马克斯决定去学医。最终，他在1948年7月5日，也就是英国国家医疗服务体系诞生的同一天获得了医生资质。

他有着关爱他人的善心和与生俱来的不屈个性，在40年的医学生涯中逐渐成为一位成功的、众所瞩目的大人物。

马克斯是英国皇家全科医学院的创始人之一，在维持英国堕胎合法化和推广汽车安全带使用方面发挥了重要作用，间接挽救了千万条生命。当全世界因为艾滋病的蔓延陷入恐慌时，他主张尊重艾滋病患者的隐私。1984年，马克斯成为英国医学协会的主席。后来，查尔斯王子宣称英国医学协会的缩写 BMA 代表了偏执（bigoted）、濒死（moribund）和冷漠（apathetic），马克斯因此与他发生了冲突。如果不是因为在医疗改革问题上采取了反对政府的强硬立场，以及在医疗保健供应系统中引入内部市场机制，约翰·马克斯现在应该已经获得爵士封号。

他也是本书作者之一约瑟夫·马克斯的祖父。

当小马克斯说自己正在写一本关于沟通力的书时，老马克斯不仅为他感到骄傲，还对书中内容表现出了浓厚的兴趣。"其中一章是关于魅力的，对吧？"这位富有魅力的90多岁老人说，"但写这个毫无意义！魅力确实很容易被感受到，可是根本没法给它下定义。"这句话一点儿也没错，我们难以确切地指出是什么因素让一位沟通者具有魅力，在谈论魅力时通常使用的也都是一些模糊、抽象的说法。比如我们会说魅力就是"能激发他人奉献精神的、引人注目的吸引力"，但"引人注目的吸引力"到底是一种什么样的吸引力呢？很不容易讲清。洛桑大学组织行为学研究员约翰·安托纳基斯在2016年指出，魅力是一种"无法明确定义、无法精准衡量的才能"。

然而，这并不意味着魅力不存在。正如约翰·马克斯所说，个人魅力很容易被发现，大多数人对魅力的感知也都很强烈，觉得自己一看就知道那是什么。一个人是否有魅力，不同人给出的判断往往是相同的。那些在关于性格的问卷调查中对自己评价很高的人，往往也是他人眼中有魅力的人。

魅力常与"领导力"这个词联系在一起，就像一对双胞胎。那些造就超凡魅力的品质，往往也是人们追随某些领导者的原因。也正因如此，研究者们常常将魅力与特定人物——通常是领导者——联系起来分析，而不是当作一种个人品质单独分析。之所以会有这种联系，是因为"魅力学"领域的学者几乎将全部研究都局限在了领导力上。这种情况要追溯到第一位对魅力进行正式研究的学者——德国哲学家马克斯·韦伯身上，他曾谈到魅力在领导力中的重要作用："'魅力'一词往往用来形容人格中的某一特定品质，它被认为是非凡的、超自然的、超人类的，或者说，至少是一种特殊的能力或品质。它是普通人无法触及的特质，被视为神圣的起源或典范，而拥有这些特质的个人则被视为'领导者'。"

难怪那么多关于领导力的现代理论都如此重视个人魅力，而有魅力的企业高管在就业市场上如此抢手、获得的报酬也如此丰厚。一项涵盖近25年数据的统合分析显示，魅力型领导者不仅能激励团队达到更高的绩效水平，还能在团队成员心中植入更强烈的责任感和奉献精神，在发生危机或经历重大变革时更是如此。本书第三章提到过，支配力强的沟通者在冲突和动荡时期深受欢迎，其实有魅力的沟通者也会在此类环境中大显身手，因为他们拥有激励他人的强大能力和说服力。韦伯早就注意到了这种联系，他指出，有魅力的人往往会站在社会变革的最前沿。在冲突、动荡的时期，人们就会希望有人站出来团结一切力量，此时被追随的不仅仅是一个人，还有这个人所代表的精神。

自我选择也是一种魅力。渴望从人群中脱颖而出，希望在公共场合发言，反对传统态度，这些都能让一个人成为领导者。但是，只将魅力和领导力联系在一起是错误的。很多普通人都拥有魅力，我们可以在家人、朋友、同事乃至陌生人身上发现不凡之处。

魅力的要素

魅力包括一系列特征，比如自信、乐观、精力充沛、口才出众、勇于冒险、挑战现状、富有创造力，等等，而这些也只是魅力的众多特征中的一小部分。没有任何一个人能同时拥有上述所有品质，完全缺乏某项品质的情况倒是不少。还有，研究人员也无法精确地衡量这些品质。尽管如此，我们还是可以找到一些关于魅力的痕迹。

表达集体认同和愿景的能力就是魅力的表现之一。马丁·路德·金提倡平等、同情和爱，丘吉尔体现了一个民族的坚韧，伊娃·贝隆[1]是为弱者呐喊的旗手。这些人的个性品质各不相同，但他们都成功激发了民众们的集体认同感，唤醒了民众对民族历史的记忆，传达了变革的重要性，并描述了一个理想的未来愿景。他们都有自己独特的降低信息复杂性的方式，有时甚至使用二元论，如内部群体与外部群体，接纳与排除，英雄与恶棍。通过某种行为，他们在追随者中唤起了一种联系感，进而成为变革的象征，这些处于领导地位的人就被视为变革者。

强大的能力也会让他人产生敬畏感。敬畏和魅力一样，听起来相当模糊。研究显示，敬畏是一种可以被辨识的精神状态，会降低个人的自我意识，增强人们相互交流的欲望，甚至改变人们与道德相关的行为。心理学家保罗·皮夫在一项研究中，要求实验参与者回忆自己经历过的敬畏场景，或者想象自己站

---

1   伊娃·贝隆（Eva Perón），前阿根廷总统胡安·贝隆的第二位夫人，又称"贝隆夫人"，被誉为"阿根廷永不凋谢的玫瑰"。

在参天森林中的情景。他发现，实验参与者的自我意识减弱，还产生了与他人交流的强烈欲望。

魅力型领导者可以通过多种方式表达自己的愿景，比喻是其中最有效的一种。亚里士多德说过，比喻是修辞武器库中最不能缺少的武器之一。比喻的强大在于能创造直接、强烈的视觉感，可以在不改变所传达内容的情况下，激发内容背后的象征意义，并引发听众们的情感反应。

统计证据表明，使用比喻和表现魅力之间存在着正向关联。加州州立理工大学心理学教授杰弗瑞·斯科特·米奥仔细研究了历届美国总统对比喻的使用，发现那些在西蒙顿魅力评分（西蒙顿魅力评分是加州大学戴维斯分校的心理学教授迪安·西蒙顿研制的评分系统，该系统通过5个关键点评估美国总统的整体魅力：人际关系、个人魅力、审慎度、创造性和精神稳定性）中得分很高的总统，在就职演说时都使用了大量比喻。魅力值评分在美国历届总统中位居前25%的几位如约翰·肯尼迪、富兰克林·罗斯福、林登·约翰逊和罗纳德·里根，他们在第一任就职演说中平均使用了20个比喻。相比之下，评分位居后25%的几位总统——格罗弗·克利夫兰、拉瑟福德·海斯、詹姆斯·门罗和威廉·塔夫脱，就职演说中平均只使用了3个比喻。米奥还指出，那些在西蒙顿魅力评分中得分较低的总统在连任竞选中失败的概率也很高。富兰克林·罗斯福是所有美国总统中西蒙顿魅力评分最高的，在短短3分38秒的就职演说中，他使用了21个比喻（即每10秒使用一个），最终他赢得了四届任期。

跟比喻一样，讲故事也能迅速引发情感反应。不仅如此，故事还可以通过共同的经历、背景和想法来引发共鸣，帮助沟通者和听众建立个人联系。在竞选伦敦市长时，萨迪克·汗就大谈特谈自己的巴基斯坦移民家庭背景和7个兄弟姐妹。他在每次竞选活动中都要对公众说"我爸爸是一名公交车司机，我妈妈是一名裁缝"，事实证明这是一个非常成功的策略。知名企业也会传播一些类似个人神话的故事，比如史蒂夫·乔布斯和史蒂夫·沃兹尼亚克从大学辍学，在位于加利福尼亚州洛斯拉图斯市的乔布斯父母房屋的车库里创建了苹果公司的原型。无论听众是什么身份，这样的背景故事都可以让他们发自内心地认同眼前的沟通者。

什么样的背景故事对信息传递最有利，取决于沟通者的目标是获得地位还是建立联系感。如果沟通者需要人们去感受同情和彼此间的联系，那么一个在逆境中成长的人或公司的故事会获得很好的效果，故事主角可以是从底层一路奋斗、获得成功的企业家，或者一家与大型连锁咖啡店竞争的独立小咖啡馆。如果沟通者想要提高听众对崇高地位或知名品牌的偏好，就要通过故事激发他们心中的自豪感。在更有钱、更具支配力、能力更强或外表更有吸引力的强者面前自叹不如的人，会倾向于支持一个有故事背景的弱者，而位居较高地位的人则更支持同样处于优势甚至支配地位的强者。

外向性格与魅力

外向性格常与魅力联系在一起，其表现是积极的态度、充沛的精力，以及对积极体验的强烈渴望。公众普遍认为外向性格的人更加乐观、善于交际和平易近人。大多数心理学家都会从五个方面衡量人的性格：尽责性、随和性、情绪稳定性、开放性和外向性。最后这个特质与外向性格联系最为紧密。

外向性格和情感表达密不可分。无论传递正面信息还是负面信息，富有魅力的沟通者往往都更善于表达情感，与听众们产生共鸣。一旦将外向性格与积极情绪联系在一起，就可以吸引人们的注意力并展开合作。并且，这种积极情绪具有强大的感染力，可以在人与人之间传播。简而言之，沟通者的表达力越强，听众就越可能捕捉到其热情。

心理学家威廉·多尔蒂开发了一个情绪传播量表，用来衡量人们易受他人情绪感染的程度。他认为，那些最容易受到情绪感染的人往往具有强大的情绪阅读能力，会时常感到自己与他人是联系在一起的，而不是孤立的，这正是外向性格的特质。

在多尔蒂情绪感染量表中，模仿行为是高情绪感染力的特征之一，同时也是外向性格的关键特征。所以说，肢体语言对魅力型沟通者来说非常重要，真诚的微笑、频繁的眼神交流、生动的手势，所有这些都能加强信息的传达效果。

一项研究证明了肢体语言在交流中的重要性。研究人员先拍摄了一组演讲视频，然后去掉声音，并将演讲者简化成火柴棍小人。实验参与者们要观看这些没有任何声音和表情信息、极度简化的视频，并给这些小人的性格进行打分，评价维度包括尽责性、随和性、情绪稳定性、开放性和外向性。研究结果显示，参与者选出的最具热情、活力和表现力的火柴棍小人，手势动作也是最多的。

不仅如此，实验参与者还可以推测出现实中演讲者获得掌声的多少。因为有些火柴棍小人能使用更具活力和表现力的外向性肢体语言，这足以获得听众的更高评价。也就是说，手势动作似乎成了演讲者的"第二语言"，听众们可以通过这种"语言"来获得关于演讲者的性格信息，并对其外向性做出反应。这些手势实际上传达了演讲者的潜在情绪，以及其对当前情况的真实感受。肢体语言的使用，对抓住听众们的注意力、让听众们愿意倾听并采取相应行动来说，至关重要。

如果说火柴棍小人实验太过理论化，那么让我们再来看一项对 TED 在线演讲的研究。笔者选了两段关于领导力的演讲。

第一位演讲者是伦敦证券交易所的前战略总监菲尔兹·维克尔-缪林，现在正负责一家全球知名企业的运营。她讲述了三位领导者的神奇故事，一位是亚马孙部落的酋长，一位是印度某非政府组织的负责人，还有一位是中国西南地区一家当地博物馆的馆长。这是一场非常棒的演讲，主题明确，内容翔实，角色鲜明。菲尔兹的演讲很有说服力，她告诉听众，人们可以从很多普通人和事上学到重要的、在商学院里绝对看不到的领导力课程。

第二位演讲者是作家、组织顾问西蒙·斯涅克。他也谈到了领导力特质，以及优秀的领导者如何激励他人采取行动。和维克尔-缪林一样，斯涅克的演讲也非常棒：主题明确，内容翔实，并且唤醒了听众们对很多著名人物的记忆，例如马丁·路德·金和莱特兄弟。

这两段演讲的不同之处在于浏览量。在撰写本书时，维克尔-缪林的演讲浏览量超过100万次，斯涅克的演讲观看量已经超过了4300万次。同样是时长18分钟的领导力演讲，怎么会有如此大的差距？当然，这里面有许多因素在起作用，但很重要的是，斯涅克使用了大量手势，这对演讲的传播起到了相当重要的作用。

作家、肢体语言培训师凡妮莎·范·爱德华兹发现，有很多主题、内容和吸引力大体相同的演讲，热度却天差地别，有些广受欢迎，有些默默无闻。为了找出原因，她分析了数以百计的 TED 演讲。爱德华兹雇用了一个网络研究团队来分析 TED 演讲中的语言和肢体动作，结果发现了一个有趣的现象：成功演讲者使用的手势量是平常演讲者的两倍。在一场典型的18分钟 TED 演讲中，成功演讲者平均使用465个手势，平常演讲者使用272个。演讲者使用的肢体语言越多，听众就越能感受到其热情和活力。仅仅从手势的使用数量上，就可以预测出听众们对演讲者魅力的评价。那些呆板、生硬的演讲者，会被视为冷漠和过于理性的存在。

思维敏捷与魅力

当研究人员把魅力放在显微镜下，试图找出它的核心成分时，就会不可避免地寻求其与智力的联系。这当然可以理解：人们总是把魅力和领导力联系在一起，又普遍都认为领导者都是聪明的，因此有魅力的人也常被看作聪明人。

但是研究表明，魅力和智力水平几乎没有关联。我们可以想出很多智力水平一般但是充满魅力的人，以及很多非常聪明却称不上有魅力的人。从表面上看，聪明人应该知道如何通过充满魅力的方式来传达自己的信息、引起受众的共鸣。但可惜的是，魅力更像是一种直觉能力，魅力型沟通者仅通过直觉就知道自己应该怎么做，就好像足球明星通过直觉而不是理性思考来踢球一样。

以阿尔伯特·爱因斯坦为例。在大家心目中，这位现代物理学之父无疑是顶尖聪明的人物，但他并不是一名优秀的沟通者，甚至连普通都算不上。他的讲座甚至已经成了无聊的代名词。在著名的 $E=MC^2$ 公式发表后不久，他在伯尔尼大学开了一门热力学课程，但只有少量学生选了他的课，这还是因为这些学生都是他的好友。到了第二个学期，伯尔尼大学决定彻底取消这门课。如果不是朋友的介入，爱因斯坦根本不会得到在苏黎世联邦理工学院的那份工作。这位朋友告诉校长，爱因斯坦虽然不是一个"会说话的人"，但智力水平完全配得上这个职位。爱因斯坦传记的作者沃尔特·艾萨克森指出，爱因斯坦不是一名传统意义上的好老师，"他的课总是一副杂乱无章的样子"。

爱因斯坦并不是唯一不善沟通的天才。沃顿商学院组织心理学家亚当·格兰特明确指出："最优秀的实干家往往也是最糟糕的老师。"最好、最有魅力的老师往往不是那些拥有深厚学术功底的知名教授，而是懂得如何沟通的初级学者。对此格兰特的观点是："关键不是他们知道什么，而是他们的交流是否清晰、热情，能否让人们以最轻松的方式学到知识。"

当然，这并不意味着智力与魅力完全无关。有魅力的人通常都具备的智力天赋就是快速流畅处理信息的能力。他们思维敏捷，可以迅速对情况做出判断，并相应调整自己的行为。这种快速思考、决断的能力让他们很少优柔寡断，而过于聪明的人反而会举棋不定。思维敏捷的人有多种多样的交流方式，机智的评论、有趣的小笑话，或者以创造性方式表达自身想法。敏捷的思维可以让一位沟通者更加熟练地进行社会活动，在面对听众时侃侃而谈。

喜欢深思熟虑的沟通者可能更有智慧，但如果现场听众提出刁钻难题，思维敏捷的沟通者就会展现出自身魅力。

魅力是软硬两面的合体

事实证明，魅力有许多特征，但人们更习惯于从结果来定义它，所以长时间以来很难建立一个关于魅力的清晰理论框架。目前，最科学合理的魅力研究模型是由康斯坦丁·茨凯博士提出的。茨凯的研究指出，魅力是由一对特质共同造就的，这对因素恰巧就是本书中提到过的两种沟通者特质：支配力和友善。

据茨凯说，魅力型沟通者能够坚持自己的主张，领导一个团体，并在一定范围内影响他人，这就是支配力的体现；同时也能与他人和善相处，在表达关注的同时让人感觉舒服，这就是友善的体现。从本质上说，魅力型沟通者既具有足够的支配力，能够吸引他人关注，让他人听到自己的声音，又不至于让人觉得自己盛气凌人。

茨凯通过支配力和友善度来评估一位沟通者的个人魅力和说服力。假设一名沟通者告诉听众，与传统能源（例如天然气和石油）相比，自己更加支持风力发电，那么他在茨凯魅力值评测中得分越高，其发言就越有说服力，说服效果与他对环保能源的支持力度是强是弱、支持的原因是否合理无关。虽然听众们试图将注意力集中在论点上，但他们很容易就会被那些富有魅力的表达方式打动。

当然，并不是说有魅力的人一定会表现出友善，希特勒就是个例外。但这不能证明茨凯的观点是错的。公众普遍认为希特勒并不友善，但他可以有效地建立起和听众的联系感。劳伦斯·里斯在纪录片《阿道夫·希特勒的黑暗魅力》中对一些接触过希特勒的人进行了采访，其中尤塔·吕迪格说，当看着希特勒时，忽然感觉自己和他之间有一种联系："我感觉到这个人并不考虑自己，他脑中有的只是德国人民的利益。"1920年汉斯·弗兰克在啤酒屋中听到希特勒讲话时也有这种感觉："他说出了在场所有人意识中的东西。"听过希特勒演讲的埃米尔·克莱因则说："这个人散发出一种超凡的魅力，让人们相信他说的所有内容。"

人们通常认为支配力和友善是矛盾的：热爱竞争和对抗的

人不可能同时具有平易近人、关心朋友等特质，友善的人也常常被认为软弱、好欺负。但是有魅力的人能够通过建立强烈的个人联系感，避免表露出愤怒与攻击性（这些都是支配型沟通者的重要特征），或将愤怒与攻击性对准外部群体。此时，支配力和友善这两种特质结合在一起，变成了一件强大武器。

通过学习获得魅力

魅力和智力一样，是一种天赋，只有少数幸运儿才具备充沛的情感、精力和高超的沟通能力。但是，这并不意味着我们无法从魅力型沟通者那里学习几招。

约翰·安托纳基斯是研究魅力这一特质的权威，在促进学术界就"魅力的定义"达成一致观点的过程中发挥了领导作用，并开创了关于魅力训练的科学研究。他认为魅力是基于价值观的、有象征意义的、充满情感的领导者信号，是可以通过后天学习而获得的。

回想一下本书开头引用的研究：表现出支配力和友善——即个人魅力的阴阳两面——的教师会给学生留下更好的印象，也会得到更好的评价。再回想一下，学生们在期末评估中如何评价这些老师。想象一下，如果爱因斯坦在开始教授热力学课程之前能够接受约翰·安托纳基斯的魅力训练，结果会怎样？这门课会不会继续存在？会不会有更多学生期待他的讲授？如果这种授课的激情被点燃，并从一名老师传到另一名老师，从一所学校传到另一所学校，那么当孩子被问到"长大后想成为什么人"时，他们会不会回答"科学家"，而不是"名人""富人"或者"既有名又有钱的人"呢？

在本书即将结束之际，我们来盘点一下前面的所有内容。本书第一部分探讨了沟通者在硬实力方面能有什么发挥，即社会经济地位、能力、支配力和外表吸引力。第二部分则探讨了沟通者在软实力方面能有些什么发挥，即一些可以建立联系感的特质，如友善、示弱、可信性和魅力。笔者认为，信息和传递信息的沟通者影响着生活的方方面面——我们持有的价值观，我们做出的选择，我们支持的观点，我们笃信的真相，我们认定的错误，我们处事的态度，我们选择加入或拒绝加入的团体。沟通者是人类社会结构的基础，拥有不可思议的力量，不仅影响着人类的思想和信仰，甚至还影响着人类的本质（我们是谁）和未来（我们要成为谁）。

那么，沟通者的哪些特征对人类的影响最大呢？在决定听谁说话、相信谁说的话时，哪些因素是最重要的？各种特质是如何相互作用的呢？我们能做些什么来进一步了解这些强大影响的潜在含义呢？

结语：成为顶级沟通者，正面影响他人

1981年，英国内政部发行了一本小册子，阐述了做好应对核攻击准备的重要性。当议会就这本手册的内容进行讨论时，一位部长发问：如果发生了极端情况，谁是向公众传递这一重要信息的最佳人选？有两个人被提名：凯文·基冈和伊恩·博瑟姆。

需要说明的是，基冈和博瑟姆都不是相关领域的专家，没有接受过任何专业培训，也没有任何人告诉他们该如何向公众传递信息，才能够安抚紧张的情绪，减少公众心中的疑虑。简而言之，他们绝对不是在发生核战争的情况下，最有资格传递重要信息的沟通者。与他们相比，地方政府官员、警察和社区团体领导者更加适合这个角色。

基冈和博瑟姆能够被提名是因为他们拥有某种特殊地位。基冈可以说是当时英国最著名的足球运动员，博瑟姆在当年早些时候的灰烬杯板球锦标赛上几乎以一己之力击败了澳大利亚队。

让在某个领域拥有很高地位的人，传递自己知之甚少的另一领域的信息，这是一种很常见的策略。这表明了沟通者特质的复杂性，也表明了其中蕴含的惊人力量，这种力量是我们必须通过深入思考才能发现的。

光环效应

《谁想成为百万富翁》是一档广为人知的电视闯关节目，参赛选手要回答一系列越来越难的问题，回答问题越多，获得的奖金就越丰厚。现在让我们设想一个场景：一名参赛者顺利地闯过了前面的所有关卡，直至主持人发出最终提问，如果答对，就能得到一笔可观的奖金。糟糕的是，这个问题涉及一部20世纪50年代的老电影，他以前听都没听过。他意识到靠直觉猜测答案太过冒险，于是决定使用游戏给予的场外求助机会，打电话给朋友寻求答案。但打给哪一位朋友呢？他回忆起曾和两个朋友聊过电影，其中一个朋友的电影知识量非常丰厚，另一个则很一般。但是他的记忆很模糊，回忆不出谁是知识量丰富的那个。碰巧的是，这两个朋友中，有一位的价值观跟他很类似，而另一个则非常不同。

这一场景与本书第二部分开头提到的研究有很多共同之处。

虽然在这种情况下，参赛选手该考虑的是谁更有可能帮他答对题目，但最终他还是会选择那位和自己有相同价值观的朋友，哪怕有亲身经历表明这位朋友对电影的了解远不如另一位。他无法客观看待这个问题，犯了一个典型的人为错误：将两种不同的技能和属性绑定在一起考虑。仅仅因为这位朋友在某个领域与他相似，就认为其在另一个完全不相关的领域也具有高超能力——这就是沟通者的塞壬歌声[1]。

这诱惑的声音非常强大，一直盘旋在我们的脑海中，若隐若现。它会引导我们建立一些实际上并不合逻辑的联系。行为学家爱德华·桑代克将这种现象称为"光环效应"。他在很多大型企业开展研究并发现，人们往往会将某一领域的优点或缺点与另一领域的优点或缺点联系在一起。例如，让经理们从两个不同角度来评价员工（如"领导力"与"智力"、"可靠性"与"决断力"）时，即使这两种特质并不相关，他们也会以自己对其中一种特质的评价来判断另一种。如果认为一位员工的领导力很强，那往往也会认为他很聪明；如果认为一位员工性格优柔寡断，那么多半也会认为他办事不可靠。很少有员工被认为聪明但优柔寡断，或者可靠但不聪明。从本质上讲，经理心里只

---

1 塞壬歌声的故事来自希腊神话传说，塞壬是个人面鱼身的海妖，飞翔在大海上，拥有天籁般的歌喉，常用歌声诱惑过路的航海者而使航船触礁沉没，船员则成为塞壬的腹中餐。

有两类员工：好员工和坏员工。有人说，读者会通过封面来评价一本书，事实上，读者会通过一个封面评价整个图书馆。一旦人们感知到某种沟通者特质——通常只是单一的地位、友善、能力、魅力或吸引力信号——那么强大的光环效应就会影响到对其他特质的评价。

这种效应也会在人际互动中发挥作用。如果你在聚会上遇到一位陌生人，交谈中发现你们有一位共同的善良朋友，那么你多半也会认为这位陌生人是个好人。同理，如果他的某个朋友恰好是你讨厌的人，那么你多半也会觉得他很讨厌。这一原则也适用于人与物之间的关系，最明显的例子就是广告。如果我们喜欢的明星穿过某个品牌的 T 恤，那么我们也会喜欢这件 T 恤。在耐克代言人泰格·伍兹和兰斯·阿姆斯特朗曝出丑闻后，有不少高尔夫和自行车运动的爱好者开始厌恶自己原本喜欢的运动，仅仅因为宣传它的人已经不再受欢迎。

不难看出，这种偏见会给社会带来巨大的负面影响。如果我们购买某件东西只是因为它的代言人很有吸引力，如果我们积极回应某个观点只是因为它来自关系密切的朋友，那这个世界必然会充满谣言、阴谋论和各种愚蠢建议。其实，谁都有过听信错误信息的经历，但人们总是认为自己可以免疫沟通者特质的影响。我们告诉自己：之所以会出现上述现象，是因为有些人很容易受到地位等因素的影响；但我自己是不同的，我拥有可以抵抗这些影响的力量——不会被穿着名牌服装的漂亮沟通者愚弄，不会因为价值观差异而置专家意见于不顾，更不会屈从于那些魅力超凡、但说多做少的人。就像第一章中的那些大学生，认为自己绝不会因汽车档次高而减少鸣笛次数。但无数研究显示，事实并非如此。

那我们要怎么做呢？笔者想到了两个方法。

首先，要鼓励诚信行为。在2018年的一项研究中，6家独立事实核查机构对超过12.5万条推文进行分析。其中一部分推文被认定为真实信息，另一部分则被认定为虚构信息。分析结果显示：与真新闻相比，假新闻的传播更快、更深入、更分散，毒性也更大，特别是科学、金融和都市传说类的虚假故事，非常容易传播。究其原因，人们认为这些内容比真实新闻更新奇、更具分享性。很多人认为，人工智能是传播假新闻的主力，其实人工智能传播的假新闻和真新闻一样多。但人类就不一样了，我们不仅制造了假新闻，还最卖力地传播它。

这一发现表明，应该制定相应的信息管理方案和政策，以提高社会重要信息平台的可信度。例如，媒体平台可以给已被证实的信息贴上特定标签，表示该信息真实可靠。就像食品包装上的安全标志一样，这肯定能起到一定作用。社交媒体和新闻平台可以通过算法优先显示来自可靠信息源的内容。最近一项研究支持了这一观点：在对60个来源（包括美国有线电视新闻网、美国全国公共电台、英国广播公司和福克斯新闻这样的主流媒体，也包括其他一些网站）的新闻进行分析后，研究人员惊讶地发现，读者们很擅长区分低质量和高质量的新闻来源，甚至跟八名进行可信性评估的事实核查员一样优秀。那么，为什么现实生活中的人们无法区分真实与虚假信息呢？可能因为阅读时的懒惰，也可能因为媒体制造的信息过量。这里还有一个值得研究的想法：用减税或其他激励措施，奖励那些拥有更高可信性的新闻机构和社交媒体公司。需要明确的是，我们并不是建议让股东和高管获得更多收入，这些额外收入应该平均分配给所有员工，让所有人都参与到可信性建设中。

通过税收优惠和其他激励政策维持新闻的可信性，这是一件非常复杂的事情。所以，我们应该同时从更容易改进的地方着手，那就是读者自己。一旦理解了沟通者特质对人类大脑产生的影响，就更有可能识破并避开陷阱。因此，越早让人们了解自己大脑的运作方式，效果就越好。在大部分国家，16岁的学生要参加数学、英语、物理、化学等科目考试，但很少有心理学考试。在美国和英国，超过40%的学生在16岁之前至少学习两年地理，但只有2%的学生学习了心理学。虽然在高等教育中心理学比地理更受欢迎，并且已经成为经济学、市场营销、传播学等专业的本科和研究生的必修课程，但现实情况是，大部分人离开学校时并没有接受过基础心理学教育，也就是说，他们不知道地位、支配力、友善等沟通者特质会对自己产生怎样的影响。

对社会来说，老师和家长都担当着重要的沟通者角色。比如家长，他们可以围绕本书中讲到的这些特质和孩子们展开交流，并帮助他们理解这些问题：我们如何决定要相信谁？我们是否被他人的魅力、自信和相貌所左右？这些是所有人都要面对的、永远不会消失的问题。

超级沟通者是否存在？

在已经确认的八种沟通者特质中，是否有一种超级强大、可以凌驾于其他七种之上？在一次整合了多项研究成果的大型统合分析中，研究人员对名人代言广告的效果进行了细致考察，结果显示：影响力最大的沟通者特质是可信性，能力位居第二，吸引力位居第三。在一份重要的英国政府报告中，可信性被评为三大沟通者特质之一，另外两个分别是专业技能和沟通者本人与受众的相似性。在一项关于世界各地居民最看重的性格品质的大型研究中，可信性也获得了最高分，能力位居第二，友善位居第三。这个研究的调查对象范围极广，从英国、美国和澳大利亚的大都市，一直到日本、厄瓜多尔和毛里求斯的偏远乡村。

在名人代言广告和哪种性格特征最重要这两项调研中，可信性和能力都位居前列，但第三名却有明显的不同——一个是吸引力，另一个则是友善。仅凭这一事实就足以证明，假设某些沟通者特质强于其他特质的想法十分危险。实际上，虽然可信性在很多情况下都非常重要，但某种沟通者特质的影响力强弱很大程度上取决于当时的情况和环境。

硬型和软型这两大类看似对立的特质就是最佳示例。一般来说，当人们希望从沟通者身上获得有形事物（如资源、信息或者一名值得追随的领导者）时，硬型特质会非常重要。而软型特质则更能吸引那些希望获得无形利益的人，如联系感、忠诚和相互尊重。有趣的是，外表吸引力这个硬型特质在"软"的情景下会非常有效，而魅力这个软型特质在"硬"的情景下也会发挥巨大影响力。当周围人普遍缺乏某种特质时，这种特质就会变得更加重要。一名优秀的沟通者，不仅要展露自己拥有的各项特质，还要懂得根据具体情况选择运用最有效的特质。

在等级制度森严的大型组织中，善用硬型特质的沟通者可以更容易、更顺利地获得地位。尤其当组织处于冲突或动荡中，人们会更加依赖那些具有支配力特质的人。但这并不意味着领导者必须持续不断地展露自身地位。某项针对上下级关系的研究显示，以支配姿态开展工作的领导者，其下属表现相对更差，那些坚定又有同情心的领导者，其下属的满意度更高。实际上，那些在他人眼中拥有较高地位的领导者，更能通过展现软型的沟通者特质来获得优势。

暂时丧失地位（如故意出丑）可以让一位沟通者显得更加接地气，进而获得他人更好的评价。这就是心理学中的"出丑效应"，由社会心理学家埃里奥特·阿伦森在20世纪60年代首次证实。研究显示，当看到一名聪明、有能力的沟通者当众出丑时（比如洒了一杯咖啡在自己身上），实验参与者不仅不会降低对其能力的评价，甚至还会更加喜欢他。相比之下，当看到一名能力较差的沟通者犯了相同错误时，人们会把这次出丑视为无能的证明，并降低对他的喜爱度。对地位较高的沟通者来说，一个小小的缺陷能在他们的阳中增添一点儿阴，这会让他们看起来更圆满、更完整。

性别、文化与沟通者实力

在人类社会中还有其他一些属于沟通者特质的东西。它们十分复杂，且与环境相关，其中一些与性别和文化高度相关。

从传统意义上讲，男性是社会中善于展示硬实力的沟通者，女性则被视为善用软实力的沟通者。人们普遍认为男性比女性更有权威，更适合担任需要展示支配力和领导力的职位。因此在需要靠硬实力说话的环境中，女性一直处于极度劣势，根本没人听她们的话，即使听了也不会给予重视。

对有孩子的女性来说，情况会变得更加糟糕。研究表明，与有孩子的男性相比，有孩子的职业女性更有可能被问及如何兼顾事业和家庭，被质疑职业能力的可能性也更大。在一项研究中，研究人员向实验参与者介绍了若干名职业顾问，然后要求他们对这些顾问的专业能力和友善度进行评估。总体来说，与没有孩子的顾问相比，实验参与者认为那些有孩子的顾问更加友善。但是女性很难二者兼得：对于没有孩子的女性顾问，实验参与者认为她们能力强但性格冷漠；对于有孩子的女性顾问，参与者认为她们很友善，但能力较差。可是，有孩子的男性顾问身上就不存在这样的矛盾，或者说他们能"左右通吃"：实验参与者对其能力评估保持不变，而友善度评估则会提高。

20世纪70年代，由于男性地位普遍比女性高，所以广告商们认为男性在销售方面也处于优势地位，多达70%的广告都以男性为主角。尽管已经过去几十年，我们自认为生活在一个更开明的时代，但事实并非如此。2017年一次对46项研究的统合分析发现，在选择产品或品牌代言人时，男性名人依旧是最有效的沟通者。他们的力量、专业性和信心，会对信息接收者产生很大影响。这种暗示有时会导致负面社会影响。有证据显示，在观看了有物化女性倾向的广告后，男性会变得更在乎女性外表，同时忽略她们的人性品质。这样的广告也会在女性中产生一种对"美"的过分期望，让吸引力较低的女性产生自卑感。

不过，已经有人努力去颠覆这种观念。2004年，著名个人护理品牌多芬聘请了一些身材不同的普通女性而不是专业模特作为品牌代言人，试图通过这种方式重塑消费者对女性美的标准。这一举动，让人们开始正视广告行业对女性的刻板印象及其带来的社会影响。

有时女性对此类广告的反应会取决于男性的看法。在最近一项研究中，研究人员向女性参与者展示了一组超出"标准"体型的女模特照片，并告诉她们这是由男性挑选出的"有魅力的女性"，此时女性参与者的自尊心和自我满意度出现明显提升。如果女性参与者只是看了照片但没有获得任何信息，或被告知其他女性认为这些模特"很有吸引力"，她们的自尊心和自我满意度就没有太大变化。

其实，当下的人类生活在人际联系日益紧密的地球村中，沟通者软实力正在发挥越来越重要的作用。

从文化角度来看，在看重人际关系的文化中，团队凝聚力比个人贡献更受重视，友善、可信性等软型特质也更加重要。在崇尚独立的文化中，强硬性格则是获得成功的必要因素，无论是在组织层面还是社会层面都是如此。

影响力的产生：倾听、相信、成为

在过去60年中，学者们对高效沟通者的特点进行了研究，本书呈现了对这60多年来研究成果的探寻、思考和总结。这是一个既丰富又广泛的研究体系，涵盖了从工作场所到家庭生活的各个社会领域，以及从日常对话、媒体信息到网络互动等各种交流形式。本书讨论了八种沟通者特质，其中四种是基于个体地位（状态）的硬型特质，另外四种是基于人际联系感的软型特质。这八种特质影响着日常社会交往的方方面面，可以解释我们生活中的三大重要事项：我们倾听谁？我们相信什么？我们会成为什么样的人？

最新研究表明，那些拥有地位和支配力的人吸引他人关注的速度最快。同样，外表吸引力比较强的人也可以更轻松地吸引他人注意。当然，一个人能够吸引他人关注，不代表他的想法、意见和建议能够被他人接受或遵从，不过至少他的声音不会被忽视。能够被他人关注和倾听，意味着他的信息更可能被他人接纳。

在被沟通者的某种特质吸引之后，人们也会对沟通者本人做出推断和假设，并据此选择自己的应对策略。那些看上去像是专家的人提出的关乎生命安全的建议，听起来会更有说服力。在进行消防演习时，如果指挥官的声音听起来更有支配力，那么人们会认为他的命令更值得信任。如果人们认为一名沟通者十分友善，自然也会觉得他的鼓励和同情十分真实。人们可能被任何一种类型的沟通者特质吸引，但是否相信接下来被传递的信息，则取决于沟通者和信息二者性质的匹配程度。

一旦人们关注、接受沟通者的信息，影响就会进一步深入。此时，人们不仅开始信任沟通者，这种信任还会反过来影响自身的行为和信念。一个腼腆的年轻人可能会被支配力强大的朋友怂恿去做坏事，也可能在一位有魅力的同学影响下，坚持正直但艰难的人生道路。强大的沟通者不仅可以影响成年人对事业或伴侣的选择，甚至还会影响他们是否给孩子接种疫苗这类决定。这不仅关系到孩子的成长，还会影响到周围人的健康。

人类的基本性格可能是由基因决定的，并且在很长一段时间里保持相对稳定。但除此之外的所有人类生活领域，都是沟通者们进行公平竞技的场所。

致 谢

在这里我们要感谢很多人，感谢他们为本书所做的贡献，感谢自己有幸成为他们的家人、朋友、同事和合作伙伴。

首先要感谢的是林赛·马丁（Lindsay Martin）和劳伦·波特（Lauren Porter）。作为一名作家的伴侣，林赛优雅、幽默、善解人意，她给予的强大支持和爱意无法估量，并且绝对是有价值的。而劳伦总是面带微笑，忍受我们围绕本书的不断唠叨。她是一位令人难以置信的绝佳伴侣，无论在什么情况下都能带来光明与快乐。

感谢莎拉·托比特（Sarah Tobitt）、凯瑟琳·斯科特（Catherine Scott）、阿拉米塔·奈勒（Araminta Naylor）、波贝特·戈登（Bobette Gordon）、艾莉·范德梅尔（Eily VanderMeer）、察拉·崔西（Cara Tracy）、格雷格·奈德特（Greg Neidert）、凯伦·冈萨勒（Karen Gonsalkorale）、克里斯·凯利（Chris Kelly）、巴斯蒂安·布兰

（Bastien Blain）和菲利普·吉西亚兹（Filip Gęsiarz）。可敬的同事们，在此向你们表达我们最衷心的感谢，感谢你们对这个项目的支持。

在撰写本书过程中，我们非常幸运地获得了诸多学者、研究员、同行们的宝贵经验和见解，他们不仅帮忙审阅本书，还对早期草稿和后期校对进行了积极反馈。在此，我们要感谢亚历克斯·切斯特菲尔德（Alex Chesterfield）、亚历克斯·琼斯（Alex Jones）、爱丽丝·索里亚诺（Alice Soriano）、安东尼·费雷雷（Antoine Ferrere）、克里斯蒂安·亨特（Christian Hunt）、迪尔·西杜（Dil Sidhu）、埃里克·利维（Eric Levy）、弗朗西丝卡·格拉内利（Francesca Granelli）、海伦·曼金（Helen Mankin）、伊恩·伯比奇（Ian Burbidge）、朱利安·西沃德（Julian Seaward）、贾斯汀·杰克逊（Justin Jackson）、劳伦·戈登（Lauren Gordon）、玛丽埃·维拉莫（Marielle Villamaux）、马里乌斯·沃尔伯格（Marius Vollberg）、马特·巴特斯比（Matt Battersby）、纳斯林·哈菲兹帕拉斯特（Nasrin Hafezparast）、尼尔·穆拉基（Neil Mullarkey）、尼克·波普（Nick Pope）、妮可·布里甘迪（Nicole Brigandi）、保罗·亚当斯（Paul Adams）、保罗·多兰（Paul Dolan）、罗伯·布莱克（Rob Blackie）、罗伯·梅特卡夫（Rob Metcalfe）、罗伯特·西奥迪尼（Robert Cialdini）、鲁珀特·邓巴－里斯（Rupert Dunbar-Rees）和苏珊娜·希尔（Suzanne Hill）。

特别感谢埃洛伊斯·科普兰（Eloise Copland），他敏锐的眼光和对细节的把控对本书来说至关重要，他确保了本书中出现的事件和证据的可信性，以及这些数据与我们想法的一致性。

特别感谢塔利·莎罗（Tali Sharot），在如何传达本书包含的宝贵研究内容和信息方面，她有力的学术指导起到了不可估量的作用。

我们还要感谢纽约公共事务出版社（Public Affairs）的约翰·马哈尼（John Mahaney）和他的团队，这是一个细致、充满奉献精神的专业编辑出版团队。约翰在精简内容、突出重点、配合读者阅读习惯进行调整方面提出了很棒的建议和指导。

感谢吉姆·莱文（Jim Levine）和LGR文学作品代理公司（Levine Greenburg Rostan）的团队，他们的建议及时、明智，为我们提供了非常棒的支持。我们还要感谢伊莎贝尔·拉尔夫斯（Isabelle Ralphs）、埃勒·吉本斯（Elle Gibbons）、基思·埃德森·安德森（Keith Edson Anderson）、亚历克斯·迈尔斯（Alex Myers）、凯伦·比蒂（Karen Beattie）、乔西·昂温（Josie Unwin）和米格尔·塞万提斯（Miguel Cervantes）。

最后，我要感谢企鹅兰登书屋（Penguin Random House）的奈杰尔·威尔克森（Nigel Wilcockson）。奈杰尔是这本书得以面世的关键人物，仅仅凭借我们在一页纸上写下的简单想法，他就看到了其中蕴含的潜力。他不仅拥有识别想法的远见卓识，还有强大动力将这个想法变成你现在看到的内容。他是出版界的沟通者典范——热情、能干、值得信赖、讨人喜欢。

史蒂夫·马丁、约瑟夫·马克斯写于伦敦

作者　史蒂夫·马丁（Stephen Martin）

哥伦比亚大学商学院行为科学教授，跨国商务咨询公司 IAW（IN-FLUENCE AT WORK）英国分公司首席执行官，为包括可口可乐、联合利华、乐高在内的众多世界知名企业提供咨询和培训服务。

商业畅销书作家。与全球知名影响力研究专家罗伯特·西奥迪尼合著的《说服：如何赢得他人的信任与认同》一书被译成 26 种语言，销售超过 100 万册。

约瑟夫·马克斯（Joseph Marks）

伦敦大学学院（University College London）博士，跨国商务咨询公司 IAW 英国分公司研究员。他的研究成果已经被广泛应用于商业和公共事务等领域。

译者　信任

毕业于首都经济贸易大学，资深经管书译者。

译作有：《合作式思维》《高效领导力》《逆向领导力》《我这就跟你走：如何成为受员工拥戴的头儿》等。

影响力法则

产品经理：谭思灏　　产品监制：木　木
封面设计：董歆昱　　责任印制：刘　淼
技术编辑：顾逸飞　　出 品 人：吴　畏